Carl Wilhelm Hahn

Monographie der Spinnen (1820–1836)

Mit einem Kommentar
in deutsch und englisch
herausgegeben von
Peter Sacher

ZENTRALANTIQUARIAT DER DDR
LEIPZIG 1988

Übersetzung des Kommentars ins Englische:
Christine Holgate

Das Textblatt der 7. Lieferung (Seite 87 der vorliegenden Ausgabe)
wurde auf 90% der Originalgröße verkleinert

Hahn, Carl Wilhelm:
Monographie der Spinnen : (1820–1836) /
Carl Wilhelm Hahn. – Reprint d. Orig.– Ausg.
Nürnberg 1820–1836 / mit e. Kommentar
in dt. u. engl. hrsg. von Peter Sacher.
Übers. ins Engl.: Christine Holgate. – Leipzig:
Zentralantiquariat der DDR, 1988. –
143 S. : 103 Ill. (z. T. farb.)
Enth.: Lfg. 1–8.
ISBN 3-7463-0080-0
NE: Sacher, Peter [Hrsg.]

Reprint der Originalausgaben von 1820–1836
ZENTRALANTIQUARIAT DER DDR

ISBN 3-7463-0080-0

Schutzumschlag- und Einbandgestaltung: Helmut Wunderlich
Gesamtherstellung: Grafische Werke Zwickau
Printed in the German Democratic Republic
Ag 509/10/1988

Inhalt

Contents

Monographie der Spinnen

von

Dr. Carl Wilhelm Hahn

Nürnberg 1820.

Monographia Aranearum

a

Dr. Carolo Guilielmo Hahn

Norimbergia, MDCCCXX.

Sr. Hochehrwürden und Hochgeboren

dem Herrn

Franz von Paula von Schrank

Ritter der baierischen Krone,

Königlich Baierischen geistlichen Rathe, Director des botanischen Gartens zu München, der Königlich Baierischen Akademie der Wissenschaften, wirkliches, und vieler anderer Akademien und gelehrten Gesellschaften, wirkliches und Ehrenmitglied etc. etc. etc.

widmet

dieses Werk

als einen geringen Beweis

der innigsten Hochachtung und Verehrung

der

Verfasser.

Vormerkung.

Seit mehreren Jahren füllte ich meine arbeitsfreyen Stunden mit dem Studium der Insecktenkunde aus, und vorzüglich zogen die Spinnen meine besondere Aufmerksamkeit auf sich, daher sammelte und beobachtete ich alle mir vorgekommenen Arten. Anfangs setzte ich alle in Weingeist, da mir eine bessere Art, sie aufzubewahren, nicht bekannt war, (und dieſs scheint auch die Ursache zu seyn, warum diese Klasse so stiefmütterlich behandelt wurde). Als ich aber meine, bereits in dem Inseckten-Katalog des Herrn Sturms dahier vom Jahre 1817 bekannt gemachte Methode, solche an Nadeln gesteckt auszutrocknen, erfand, wurde meine Vorliebe zu dieser Inseckten-Klasse so groſs, daſs ich weder Mühe noch Zeit sparte, alle in hiesiger Gegend vorkommenden Arten zusammen zu bringen, welches mir auch so ziemlich geglückt seyn wird, denn ich kenne bereits 160 Arten aus Franken und Baiern, worunter ein Sechstheil ganz neu ist.

Praefatio.

Ex longo tempore horas negotiis vacuas explebam insectorum notitia, ac praecipue araneae singularem apud me creabant attentionem: itaque ordines mihi oblatos omnes collegi atque observavi. Primo omnes in spiritu vini posui, quum essem modi melioris ignarus, earum servandarum (quod etiam videtur causa fuisse, cur is ordo huc usque adeo segniter tractaretur). Cum autem rationem meam jam in Sturmii domini insectorum catalogo, anno MDCCCXVII declaratam, has ad acum affixas exsiccandi, invenissem, tantum hujus ordinis fiebat studium promptius, ut nec operae nec tempori parcerem, species, quae inveniri poterant, indigenas omnes colligendi, quod mihi quoque ferme contigerit. Jam enim novi species 160 ex Franconia atque ex Bavaria, quorum sexta pars est satis nova.

Ausländische Arten verdanke ich der Güte meiner Freunde, welche mir mehrere schenkten; und mit Bereitwilligkeit erhielt ich die Erlaubniſs, die in mehreren privat und öffentlichen Sammlungen sich befindlichen, von mir nicht besitzenden, Arten zu vergleichen, abzubilden und zu beschreiben.

Man kennt auſser Walkenaers hist. nat. des araneïdes, Paris, 1806, wovon aber nur 4 Lieferungen erschienen sind, kein Werk neuerer Zeit, welches die Spinnen ausschlieſsend zum Gegenstand hätte, und dieses Werk scheint nicht mehr fortgesetzt zu werden. Naturgetreue Abbildungen sind nur wenige vorhanden, und die Schwierigkeit, oder gar Unmöglichkeit die Arten nach den kurzen Beschreibungen richtig zu bestimmen, ist allgemein bekannt.

Aus diesen Gründen wage ich es, den Freunden der Insecktenkunde ein Werk in die Hände zu liefern, welches auſser den genauen Beschreibungen auch getreue Abbildungen enthält, und vielleicht wenig mehr zu wünschen übrig lassen wird, und hinsichtlich der Abbildungen um so mehr, da mein Freund, Herr Sturm dahier die Korrektion derselben gütigst übernommen hat.

Die Abbildungen werden nur nach lebendigen, oder sehr gut conservirten Exemplaren gemacht.

Species exoticae habere, amicis meis debeo, qui eorum plura mihi donabant: animoque promptissimo, species, quae sunt in pluribus collectionibus et privatis et publicis, quaeque ego non possideo, comparandi, depingendi, describendique, accepi veniam.

Neque adeo praeter Walkenaers hist. nat. des Araneïdes, Paris, MDCCCVI, cujus quatuor tantum fasciculae in lucem proditae sunt, quisquam fuit recentiori tempore, qui accuratiori editioni materiem aranearum parare institueret, neque id opus continuari videtur. Jcones ad naturam modo paucae sunt, ac difficile esse, vel fieri non posse, quin species pro descriptionibus brevibus recte determinentur, vulgo notum est.

Quibus causis ductus, Entomologiae amicis exhibere opus, audeo, quod praeter descriptiones quam accuratissimas, etiam ad naturam icones continet, ac fortasse nihil amplius erit in votis: quodque potius attinet ad icones, quum Sturmius dominus amicus meus, in urbe nostra habitans, earum correctionem benigne receperit.

Icones ad viva tantum vel exemplaria optime conservata conficiuntur.

Alle Monate wird eine Lieferung mit 4 Tafeln erscheinen, und dieser ein Blatt Text beygelegt werden, worauf nur kurz die Art-Kennzeichen und Vaterland angegeben wird. Nach Beendigung der Abbildungen wird der ausführliche Text nachgeliefert, und ein Register der Tafeln beygelegt, damit solche systematisch geordnet werden können, daher auch die Platten keine Nummern erhalten.

Walkenaers Tableau des Aranéïdes, Paris, 1805, habe ich als systematische Grundlage, nur mit einigen wenigen Abännderurgen, angenommen, und setze für diejenigen, welche solches etwa nicht besitzen sollten, hier auszugsweise das Nöthige bey.

Singulis mensibus fascicula cum quatuor tabulis in lucem prodibit, hisque textus addetur, in quo paucis synonima et patria significatur. Finitis iconibus textus copiosus postea exhibetur, atque index tabularum additur, istae ut ex ordine systematico componi possint, ergo tabulae etiam numeros non accipiunt.

Opera Walkenaer, quod inscribitur: Tableau des Aranéïdes, Paris, MDCCCV, principium systematicum feci parum mutatum, eisque, qui id non possideant, summatim addo necessaria.

A r a n e i d e s.

Tribus I. Theraphosa.

Gen. 1. Mygale. Walk. Latr.

Fam. 1. Plantigrades.

M. fasciata. Latr.

M. avicularia. Linn. Fabr,

etc. etc.

Fam. 2. Digitigrades inermes.

M. calpeiana. Walk. Latr.

Fam. 3. Cunicular iae.

M. cementaria. Walk. Latr.

M. Sauvagesii. Latr. Rossi. fodiens. Walk.

etc. etc.

Gen. 2. Oletera. Walk. Atypus. Latr.

O. picea Sulzer. O. atypus Walk. A. Sulzeri. Latr.

*Gen. 3. Missulena. Walk. Eriodon. Latr.

*M. occatoria. Walk. ex Notasia.

Tribus II. Aranea.

Gen. 4. Lycosa. Latr. Walk.

Fam. 1. Terricolae.

L. tarantula. Linn. Fabr.

L. saccata. Linn. Fabr.

L. dorsalis. Fabr. lugubris. Walk.

etc. etc. etc.

Fam. 2. Piraticae.

L. piratica. Walk.

Fam. 3. Caudatae.

*L. albimana. Walk.

Gen. 5. Dolomedes. Walk. Latr.

Fam. 1. Ripuariae.

D. marginatus. Panz.

D. fimbriatus. Linn. Fabr.

etc.

Fam. 2. Sylvariae.

D. mirabilis. Walk. Latr. A. obscura. Fabr.

Gen. 6. Ctenus. Walk.

*C. dubius. Walk. ex Cajennae.

Gen. 7. Spasus. Walk. Oxyopes. Latr.

S. heteropthalmus Walk. O. variegatus Latr.

S. lineatus Latr.

etc. etc.

Gen. 8. Eresus. Walk. Latr.

E. cinnaberinus. Walk. Latr. A. 4—guttata Rossi.

E. ater Walk. A. nigra Petagna.

Gen. 9. Attus. Walk. Salticus. Latr.

Fam. 1. Saltatoriae.

R. 1. Abbreviatae.

A. trilineatus.. Fabr.

A. pubescens. Fabr.

A. Scenicus. Linn. Fabr.

etc. etc. etc.

R. 2. Elongatae.

A. Rumpfii Scop. A. tardigradus Walk.

Fam. 2. Volatilae.

A. formicarius. Degeer. Walk. Latr.

A. paralellus. Fabr.

etc. etc.

Fam. 3. Pigrae.

A. depressus. Walk.

Gen. 10. Thomisus. Walk. Latr. Heteropoda, Missumena. Latr.

Sect. 1. Heteropodae.

Fam. 1. Depressae.

R. 1.

*T. canceridus Walk. ex Notasia.

R. 2.

*T. palagusius. Walk. ex Notasia.

Fam. 2. Brevipedes.

R. 1. Rotudatae.

T. rotundatus. Walk. A. globosa Fabr. A. irregularis Panz.

R. 2. Pyriformes.

T. diana. Walk.

Fam. 3. Cancroides.

R. 1. Truncatae.

T. truncatus Walk. Pallas. A. horrida Fabr.

etc.

R. 2, Globosae.

T. citreus. Walk. Degeer.

T. litturatus. Fabr.

etc. etc. etc.

R. 3. Globosae oculatae.

T. cristatus. Walk. Latr.

R. 4. Bituberculatae.

*T. onustus. Walk. ex Gallia merid.

R. 5. Ovatae.

T. floricolens. Walk. A. dorsata. Fabr. Panz.

T. violaceus. Walk.

R. 6. Rugosae.

*T. rugosus. Walk. ex Insula Gallia.

Fam. 4. Oxyopes.

*T. melacostraceus. Walk. ex Notasia.

Fam. 5. Quadrangulariae.

T. pigrus. Walk.

T. bilineatus. Walk.

Sect. 2. Equipedes brevirostres.

Fam. 6. Cancroides longipedes.

T. tigrinus Walk. A. laevipes, Linn.? Fabr.?

Sect. 3. Equipedes longirostres.

Fam. 7. Ovilabrae.

T. aureolus. Walk. Clerk.

T. cespiticolens. Walk.

Fam. 8. Robustae.

R. 1.

*T. grapsus. Walk. ex Natasia.

*T. pagurus. Walk. ex Natasia.

R. 2.

T. leucosia. Walk. Latr. A. regia. Fabr.

*T. pinotheres. Walk. ex Natasia.

Fam. 9. Filipes.

*T. dispar. Walk. ex Gallia.

Fam. 10. Oblongae.

R. 1.

T. oblongus. Walk.

T. argentatus. Walk.

R. 2.

T. rhomboicus. Walk. A. formicinus. Clerk.

Gen. 11. Sparassus. Walk. Micrommatha. Latr.

Fam. 1. Micromathae.

Sp. smaragdulus. Walk. Fabr.

Sp. ornatus. Walk.

etc. etc.

Fam. 2. Optices.

Sp. argelasius. Walk.

Sp. pallens. Walk.

Gen. 12. Clubiona. Latr. Walk.

Fam. 1. Dryades.

C. holosericea. Walk. Latr. Linn. Fabr.

C. corticales. Walk.

Fam. 2. Hamadryades.

C. accentuata. Walk.

Fam. 3. Nymphae.

C. nutrix. Walk. Latr.

C. aloma. Walk.

Fam. 4. Parcae.

C. atrox. Walk. Degeer.

*C. sacva Walk. ex Notasia.

Fam. 5. Furiae.

C. lapidicolens. Walk.

Gen. 13. Drassus. Walk. Latr. Gnaphosa. Latr.

Fam. 1. Lithophilae.

D. lucifugus. Walk. melanogaster. Latr.

Fam. 2. Phytophilae absconditae.

D. nocturnus. Walk. Linn.

D. fulgens. Walk. D. relucens. Latr.

etc. etc.

Fam. 3. Phytophilae conspicuae.

D. viridissimus. Walk.

Gen. 14. Disdera. Latr. Walk.

D. erithrina. Latr. Walk. A. Hombergii. Scop.

Gen. 15. Segestria. Latr. Walk.

S. perfida. Walk. cellaria Latr. A. florentina. Rossi.

S. senoculata. Walk. Latr. Fabr. Linn.

Gen. 16. Aranea. Latr. Linn. Fabr. etc. Tegenaria Latr. Walk Agelena Walk.

Fam. 1. Vestariae.

A. demostica. Linn. Fabr. etc.

A. agrestis. Walk.

etc. etc.

Fam. 2. Labirinthiariae.

A. labirinthica. Linn. Fabr.

*A. naevia. Bosc. Walk. ex Carolina.

*Gen. 17. Nyssus. Walk.

*N. coloripes. Walk. ex Notasia.

Gen. 18. Epeïra. Walk. Latr.

Fam. 3. Elongatae cylindricae.

*E. chrysogaster Walk. A. pilipède. Latr. ex India orient.

E. clavipes. Walk. Latr. Linn. Fabr.

etc. etc.

*

Fam. 2. Zonatae.

E. fcsciata. Walk. Latr. Fabr. A. formosa. Villers. A. phragmitis. Rossi. A. Zebra. Sulzer.
E. fastuosa. Walk. Oliv.
etc. etc.

Fam. 3. Oculatae.

E. latro. Walk. Fabr.

Fam. 4. Encarpatae.

E. mamata. Walk. Degeer.
E. sericea. Walk. Latr. Oliv.
etc.

Fam. 5. Triangulariae gibbosae.

E. angulata. Walk. Latr. Linn. Fabr.
E. gibbosa. Walk.
etc. etc. etc.

Fam. 6. Ovatae maxillis brevibus, rotundatis.

R. 1. Ovatae triangulariae.

E. diadema. Linn. Fabr. Walk. Latr. etc.
E. millitagria. Walk.
etc. etc.

R. 2. Ovatae triangulariae, latae.

E. agalena. Walk. Ar. notatus. Clerk.
E. triguttata. Walk. Fabr.

R. 3. Ovatae oviformes.

a.

E. scalaris. Fabr. Walk. Panz. Ar. piramidatus. Clerk. A. Betulae. Sulzer.
E. dioida. Walk.
etc. etc.

b.

E. quadrata. Linn. Fabr. Walk. A. regealis. Panz.
E. umbratica. Walk. Clerk. A. ricatricosa. Degeer.
etc. etc. etc.

Fam. 7. Ovatae maxillis elongatis.

R. 1. Verticales.

E. calophylla. Walk. Latr.
E. tubulosa. Walk. Ar. hamatus. Clerk.

R. 2. Inclinatae.

E. inclinata. Walk. A. reticulata. Linn. Ar. segmentatus. Clerk.
E. fusca. Walk. Menardi. Latr.
etc. etc. etc.

R. 3. Horizontalae.

E. cucurbitina. Linn. Fabr. Walk. Latr.
*E. circulata. Walk. ex Surinama.

Fam. 8. Irregulares.

R. 1. triquedrae.

E. conica. Walk. Latr. Pallas. E. triquedra. Sulzer.

R. 2. Mamellonae.

E. oculata. Walk.

Fam. 9. Spinosae.

R. 1. spinosae elongatae.

E. aculeata. Walk. Latr. Fabr.
E. spinosa. Walk. Fabr.
etc. etc.

R. 2, Abbreviatae.

E. cancriformis. Walk. Fabr.
E. hexacantha. Walk. Fabr.

R. 3. Depressae.

*E. clypeata. Walk. ex ——
*E. scutiformis. Walk. ex Insula Timor.

Fam. 10. Coronatae.

E. sexcuspidata. Walk. Fabr.

Gen. 19. Uloborus. Latr.

U. Walkenaerius. Latr.

Gen. 20. Tetragnata. Latr. Walk.

T. extensa. Walk. Latr. Linn. Fabr.
*T. elongata Walk. Ar. gibba. Bosc. ex Carolina.
etc. etc.

Gen. 21. Linyphia. Latr. Walk.

L. triangularis. Latr. Walk. A. Albinii. Scop. Ar. resupina sylvestris. Degeer.
L. montana. Walk. Linn. Fabr.

* 2

Gen. 22. Theridion. Walk. Latr. Theridion, Latroductus. Walk. Scydotes. Latr.

Fam. 1. Ovatae.

T. lineatum, redimitum et ovatum. Walk etc. etc.

Fam. 2. Rotundatae.

T. 4—punctatum. Walk. Fabr. etc. A. bipunctata. Linn.
T. maculatum. Walk. A. albomaculata. Degeer.
etc. etc.

Fam. 3. Turgidae.

T. sysiphum. Walk. Latr.
T. dentieulatum. Walk.
etc. etc.

Fam. 4. Crypticolae.

T. erypticolens. Walk.

Fam. 5. Triangulilabrae.

T. triangulifer. Walk.
T. punctum. Walk.
etc. etc.

Fam. 6. Abscondatae.

T. obscurum. Walk.
T. signatum. Walk.

Fam. 7. Minimae.

T. benignum. Walk.

Fam. 8. Tuberculatae.

T. aphane. Walk.

Fam. 9. Longipedes.

*T. incertum. Walk. ex Natasia.

Fam. 10. Nodulariae.

R. 1. Globulosae.

T. 13—guttatus. Latr. Latrodectus 13—guttatus. Walk. A. 13—guttatta. Rossi.

R. 2. Ovatae elongatae.

T. mactans. Latrodectns mactans Walk. A. mactans. Fabr. ex America.

Gen. 23. Scydotes. Latr. Walk.

S. thoracica. Latr. Walk.

Gen. 24. Pholcus. Walk. Latr. Scydotes Latr.

P. phalangioides. Walk. Latr. A. Pluchii. Scop. A. oplionoides. Schrank.

*Gen. 25. Sterena. Walk.

*St. cyanea. Walk. ex Natasia.

Gen. 26. Argyroneta. Latr. Walk.

A. aqnatica. Latr. Walk. Linn. Fabr. etc.

Diese erste Lieferung soll als Muster ihrer folgenden Schwestern dienen.

Mehr als hundert Exemplare einer Lieferung werden nicht verfertiget, und daher auch ohne Bestellung und baarer Bezahlung kein Exemplar abgesendet. — Wer sich an mich unmittelbar wendet, und den Betrag sogleich beilegt, erhält die Lieferung um 2 fl. — Rhein. oder 1 Thlr. 3 Gr. Sächs. Wem aber dieses nicht gefallen sollte, kann es durch die J. ~~A. Stein~~ *L. S. Lechner* ische Buchhandlung dahier, jedoch, wie sich von selbst versteht, mit erhöhten Preiſse, erhalten; und die auswärtigen Herren Buchhändler können solches einzig und allein nur durch oben genannte Buchhandlung beziehen, da ich mich mit jährlichen Abrechnungen nicht befassen kann und will.

Diejenigen Entomologen, welche mit meinem Freunde, Herrn Sturm dahier in Verbindung stehen, belieben an diesen den Betrag einzuliefern, welcher dann die Exemplare an sie zu versenden, die Güte haben wird.

Haec prima fascicula sequentium sit exemplar.

Supra centum exemplaria unius fasciculae non conficiuntur, nec igitur sine jussu ac pecunia praesente ullum mittitur. Qui directe vertitur ad me, datque summam, fasciculam accipit: 2 fl. — aut 1 Thl. 3 Gr. in Monet. Saxon. Quod autem cui non placeat, Norimbergae ex officina libraria J. ~~A. Stein~~ *L. S. Lechner* iana, tamen, ut per se intelligitur, pretio aucto accipere potest. Bibliopolae externi hoc opus solum ex officina appellata possunt petere, quia in rationibus annuis versari nec queo, nec volo.

Entomologis cum Sturmio domino conjunctis placeat, summam huic dare, qui, exemplaria ut iis mittat, ea erit benignitate.

Schlüſslich füge ich für Sammler noch die Anzeige bey, daſs ich immer eine groſse Anzahl, nach meiner Methode ausgetrockneter Spinnen zum Tausch gegen Käfer, Wanzen, Spinnen und Scorpionen vorräthig habe, weswegen sich solche an mich wenden können. Auch für diejenigen, welche keine Gelegenheit zum Tauschen haben, kann ich sowohl einzelne Arten, als auch ganze Sammlungen gegen billige Bezahlung abgeben. Kataloge werden unentgeldlich auf Verlangen versendet.

Briefe und Gelder erbittet man sich aber, so weit es seyn kann, portofrey.

Nürnberg, im Monat April 1820.

Dr. Carl Wilhelm Hahn.

Postremo collectoribus do indicium, semper magnam aranearum ex ratione mea siccatarum habere me paratam multitudinem ad permutationem cum eleuthratis, cimicibus, araneis scorpionibusque, quare hi ad me converti possunt. Eis quoque, qui permutandi careant occasione, et singulas species, et cunctas collectiones cum pecunia aequa dare possum. Catalogi nulla mercede petiti mittuntur.

Litterae autem et pecuniae, quoad licet, sine mercede perferendarum mitti postulatur.

Scribebam, Norimbergae, mense Aprilis, MDCCCXX.

Dr. Carolus Guilielmus Hahn.

Erstes Heft.

Die bandirte Würgspinne.

Der Hinterleib mit einen breiten hell-grau-bräunlichen Längesstreifen, welcher mit einen dunkelbraunen Saum umgeben ist, versehen.

Mygale fasciata. Latr. Walk.

M. Abdomine fascia lata, grisea, longitudinali, marginibus sinuata.

Mygale fasciata. Latr. Gen. Curast. et Insect. Tom. I. p. 83.
Walk. Tabl. des Aran. p. 3.
— Hist. nat. des Aran. 4. Liverat. Pl. 1.

Sie bewohnt die Insel Ceylon.

Nach einem im Naturalien-Cabinette der Universität zu Erlangen sich befindlichen weiblichen Exemplare ist die Abbildung gemacht worden.

Habitat in Insula Ceylon.

Ad exemplar femineum quod est in museo rerum naturalium academiae Erlangense facta est icon.

Die Blond'sche Würgspinne.

Schwarzbraun, sehr haarig, die Füße ohne Stacheln.

Mygale Blondii. Latr.

M. Fusco nigra, hirsutissima. Pedibus tuberculo nullo.

Mygale Blondii. Latr. Gen. Curast. et Insect. Tom. I. p. 83.
Palisot-de-Beauvois Insect. Tom. I. 8me. Lieverat. p. 135. Apteres. Pl. III. fig. 2.
Mygale Blondina. Walk. Tabl. des Aran. p. 3.

Diese Würgspinne bewohnt Cajenne, die Insel St. Domingo und auch Surinam.

Unsere Abbildung ist nach einem in meiner Sammlung sich befindlichen weiblichen Individuum verglichen, und aus Palisot-de-Beauvois Insecten-Werk copirt.

Habitat Cajennae, Insula St. Domingo et Surinamae.

Icon nostra cum individuitate feminea quae est in collectione mea, comparata est, et ex Palisot-de-Beauvois insectorum opere depicta.

Die Vogel-Würgspinne.

Schwarzbraun, sehr haarig; die Haare lang; die Freſszangen von unten und die Spitzen aller Füſse mit fuchsrothen Haaren besetzt; die Fuſssohlen breit; die Klauen nicht vorragend.

Mygale avicularia. Latr. Walk.

M. Nigricans, hirsutissima, pilis elongatis, palpis pedibusque apice ferrugineis; tarsis latis; unguibus haut exertis.

Mygale avicularia. Latr. Gen. Curast. et insect. Tom. I. p. 82.
Walk. Tabl. des Aran. p. 4.
Aranea avicularia. Gmel. Linn. syst. nat. I. V. p. 2957. Nr. 80.
Fabr. Ent. syst. Tom. II. p. 424. Nr. 63.
Aranea hirtipes. — — — — p. 428. Nr. 77. Exempl. juven.
Kleemanns Beiträge p. 85. Tab. XI. und XII.

Man findet diese Art im mittägigen Amerika.

Die Abbildung stellt einen Mann vor, und ist nach einem in meiner Sammlung sich befindlichen Exemplare genommen.

Habitat in America meridionali.

Jcon representat marem, et ex exemplare, quod est in collectione mea, tracta est.

Die krebsartige Würgspinne.

Gelbbraun, haarig, das dritte Glied der Füſse unten mit zwei einwärts gebogenen Stacheln versehen.

Mygaleconcrides. Latr.

M. Fusca, hirta, Pedibus articulo tertio subtus tuberculato; tuberculo biunguiculato.

Mygale cancrides. Latr. Gen. Curast. et insect. Tom. I. p. 83.
Palisot-de-Beauvois Insects. Tom. I. 8me. Liverat. p. 135. Apteres Pl. III. fig. 1. mas.

Man findet sie auf St. Domingo.

Die Abbildung stellt einen Mann vor, und ist aus Palisot-de-Beauvois Werk copirt, nachdem dieselbe mit einem in der Sammlung meines Freundes Herrn Sturm dahier sich befindlichen Exemplare verglichen, und richtig befunden war.

Habitat in St. Domingo.

Icon representat marem, et, ex Palisot-de-Beauvois opere depicta, postquam illa cum exemplare, quod est in Sturmii domini amici mei hac in urbe habitantis comparata collectione erat, rectaque putata.

Tribus I. Gen. 1. Mygale. Fam. 1. Plantigrades.
Mygale fasciata, Latr. Foem.

Tafel 1

Vorhergehende Seite/Previous page:

Poecilotheria fasciata (Latreille, 1804)

Eurypelma ursinum (C. L. Koch, 1842)
Roewer: *Theraphosa leblondi (Latreille, 1804)*

Tribus I. Gen. 1. Mygale. Fam. 1. Plantigrades.

Mygale Blondii Latr.

Auctor pinx. et del.

Tafel 2

Avicularia avicularia (Linné, 1758), ♂

Tribus 1 Gen 1. Mygale. Fam 1. Plantigrades.
b.
a.
c.
A.
B.
Mygale avicularia. Latr.
A. B. magnitud. natural. a. Oculis. b. Madibula. c. Genital. mari.
Auct. pinx. et. del.

Tafel 3

Phormictopus cancerides (Latreille, 1806), ♂

Tribus 1. Gen: 1. **Mygale.** Fam. 1. Plantigrades

Mÿgale cancerites. Latr.

Auctor pinx: et del.

Tafel 4

Vormerkung.

Dafs ein so grofser Zeitraum zwischen der Erscheinung des ersten und dieses zweiten Heftes verschwand, war die Vertauschung meines vorigen Wohnorts Nürnberg mit meinem jezigen, die Ursache; ich werde aber von nun an es mir zur Pflicht machen, mein Verfprechen dadurch zu erfüllen, dafs jeden Monat bestimmt ein Heft erscheinen soll.

Das jedem Hefte beiliegende Textblatt wird ohnehin bei Beendigung eines jeden Bandes als unbrauchbar zur Seite gelegt, weil dann erst die vollständigen Beschreibungen mit dem 12ten oder lezten Hefte eines Bandes, auf schönes Schweizerpapier gedruckt, folgen, daher von nun an auch nur gemeines Druckpapier genommen wird.

Da ich nun hier im Stande bin, alle einschlagenden Werke zu benüzen, und mir von verschiedenen Entomologen beträchtliche Beiträge gefälligst angetragen wurden, welchen ich hiemit öffentlich meinen heissesten Dank abstatte; so bin ich nun um so ehender im Stande etwas vollständiges und brauchbares zu liefern.

München, im Monat April. 1821.

Dr. C. W. Hahn.

Fascicula secunda.	Zweites Heft.
Argumentum.	Inhalt.

Atypus Sulzerii, *Latr.* — Die Sulzerische Mordspinne.

Atypus Sulzerii, *Latr. Gen. Curast. et Insect. I. p.* 85. *Sp.* 1.
Oletera Atypus, *Walk. Tabl. des Aran. p.* 7. *Nr.* 1.
Aranea picca, *Sulzers abgek. Gesch. der Insect. Pl.* 30. *fig.* 2.

Habitat in Franco-Gallia, in Helvetia, nec non in nonnullis Bavariae atque Franconiae regionibus.

Icon est facta ad exemplar masculum, quod est in collectione copiosa, qua gaudet Dom. Sturm, Norimbergae.

Es findet sich diese Art in Frankreich, in der Schweiz, auch in einigen Orten Baierns und Frankens.

Die Abbildung ist nach einem männlichen Exemplare genommen, welches sich in der sehr reichen Sammlung des Herrn Sturm zu Nurnberg befindet.

Eresus cinnaberinus, *Walk.* — Die rothfüſsige Suchspinne.

Eresus cinnaberinus, *Walk. Tabl. des Aran p.* 21.
Aranea 4-guttata, *Rossi faun. Etr. tom.* 2. *p.* 135. *Pl. I. fig.* 8. *et* 9.
Aranea moniligera, *Villers ent. Tom.* 4. *pag.* 128. *Tab. II. fig* 8.

Habitat in Hispania, Lusitania, Franco-Gallia, Italia etiam in Hungaria.

Ad exemplar collectionis modo laudatae icon est facta.

In Spanien, Portugal, Frankreich, Italien und auch in Ungarn findet sich diese Suchspinne.

In vorbemerkter Sammlung befindet sich das Exemplar, nach welchem die Abbildung gemacht wurde.

Eresus annulatus, *mihi.* — Die ringelfüſsige Suchspinne.

Schaefers icon. Pl. 32. *fig.* 20.

Haec species, a priori perspicue diversa, habitat, quod ego sciam, solummodo in Bavaria et quidem in regione Aichstadii atque Ratisbonae.

Icon est delineata ad exemplar collectionis meae.

Diese von voriger bestimmt verschiedene Art, findet sich meines Wissens nur in Baiern, und zwar um Eichstätt und Regensburg.

Das Original, wonach die Abbildung genommen ist, befindet sich in meiner Sammlung.

Thomisus Diana, *Walk.* Die jagende Krappenspinne

Thomisus Diana, *Walk. Tabl. des Aran. p.* 23.

Aranea Diana, *Walk. Faun. Paris. Tom.* 2. *p.* 232.

Habitat in Franco-Gallia et in Germania, in plantis umbellatis.

Exemplar, ad quod iconem feci, est in collectione mea.

Man findet diese Art in Frankreich und Deutschland auf Schirmpflanzen.

Das Original, wonach ich die Abbildung fertigte, besitze ich in meiner eigenen Sammlung.

Thomisus Hermannii, *mihi.* Die Hermannische Krappenspinne.

Vir illustris Hermannus, Professor Argentoratensis, cujus mors doctrinae rerum naturae investigatorem magnum eripiebat, primus hanc speciem in regione urbis, in qua vivebat, invenit; equidem hujus exemplar inveni haud procul ab urbe Norimberga mense Augusti anni millesimi octingentesimi decimi noni in prato; ad quod exemplar icon facta est.

Der für die Naturwissenschaft leider zu früh verstorbene Professor Hermann zu Strafsburg, entdeckte diese Art zuerst in seiner Gegend; und ich fand ein Exemplar bei Nürnberg im August 1819 auf einer Wiese im Grase, nach welchem auch die Abbildung entworfen ist.

Thomisus dauci, *Walk.* Die Möhren-Krappenspinne.

Thomisus dauci, *Walk. Tabl. des Aran. p.* 25.

Aranea dauci, *Walk. Faun. Paris. Tom.* 2. *p.* 232.

In plantis umbellatis circa urbem Norimbergam, species haud rara; nec non in Franco-Gallia habitans. — Ex collectione mea.

Auf Schirmpflanzen in der Gegend von Nürnberg nicht sehr selten, auch in Frankreich. Aus meiner Sammlung.

Epeïra clavipes, *Latr. Walk.* Die dickfüfsige Radspinne.

Epeïra clavipes, *Walk. Tabl. des Aran. p.* 54.

— — *Latr. Gen. Curast. et Insect. I. p.* 104.

Aranea clavipes, *Fabl. Ent. syst.* 2. *p.* 420.

In America meridionali.

Mas ex collectione mea; femina ex Museo rerum naturalium Academiae Erlangensis.

Aus dem mittägigen Amerika.

Der Mann aus meiner Sammlung, und das Weib aus dem Naturalien-Cabinet der Universität zu Erlangen.

Atypus piceus (Sulzer, 1776), ♂

Tribus I. Gen 2. Atypus.

Atypus Sulzerii, Latr.

a. Magnitudo naturalis, A. Eadem aucta. b. Situs oculorum. c. Mandibulae.

Auct. pinx. et del.

A, B – Eresus niger (Petagna, 1787), ♂/♂

Tribus II. Gen. 8. Eresus.

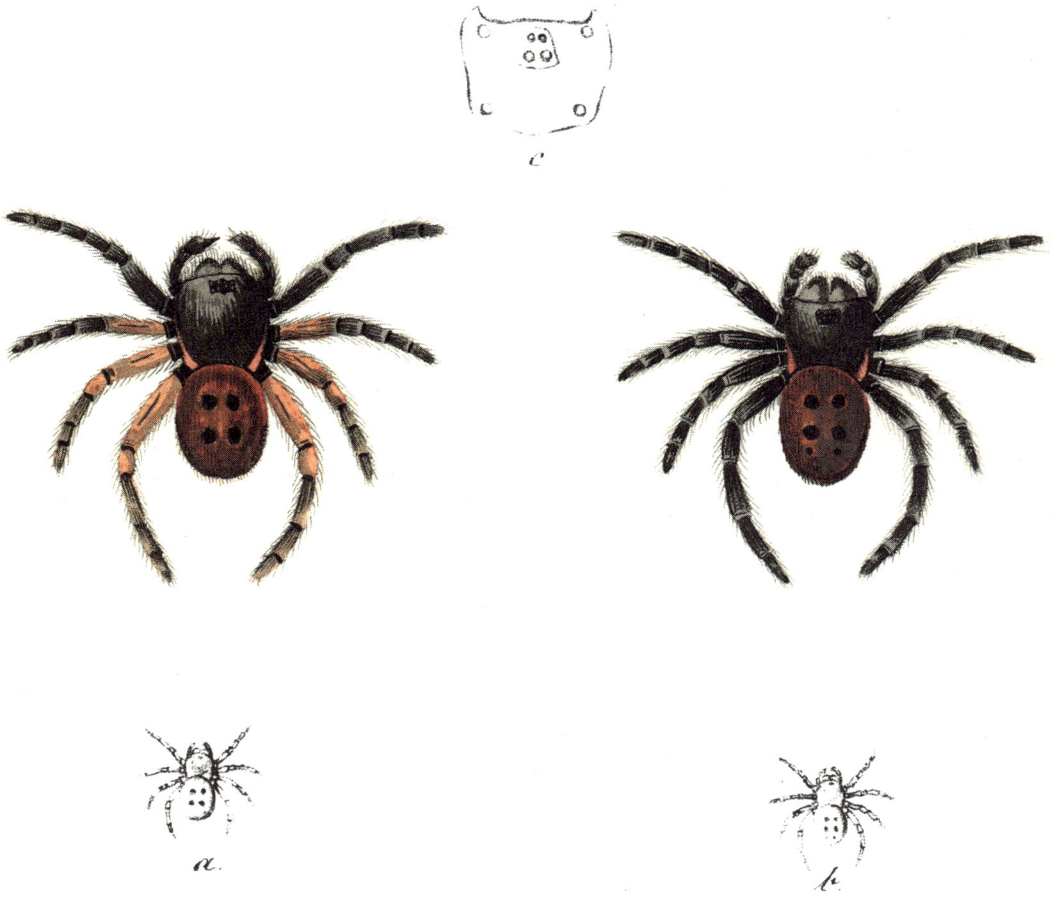

A, a, Eresus cinnaberinus, Walk. B, b, Eresus annulatus, mihi.

c. Situs oculorum.

Auct pinx. et del.

A, B – Misumenops tricuspidata (Fabricius, 1775)
C – Misumena vatia (Clerck, 1757)

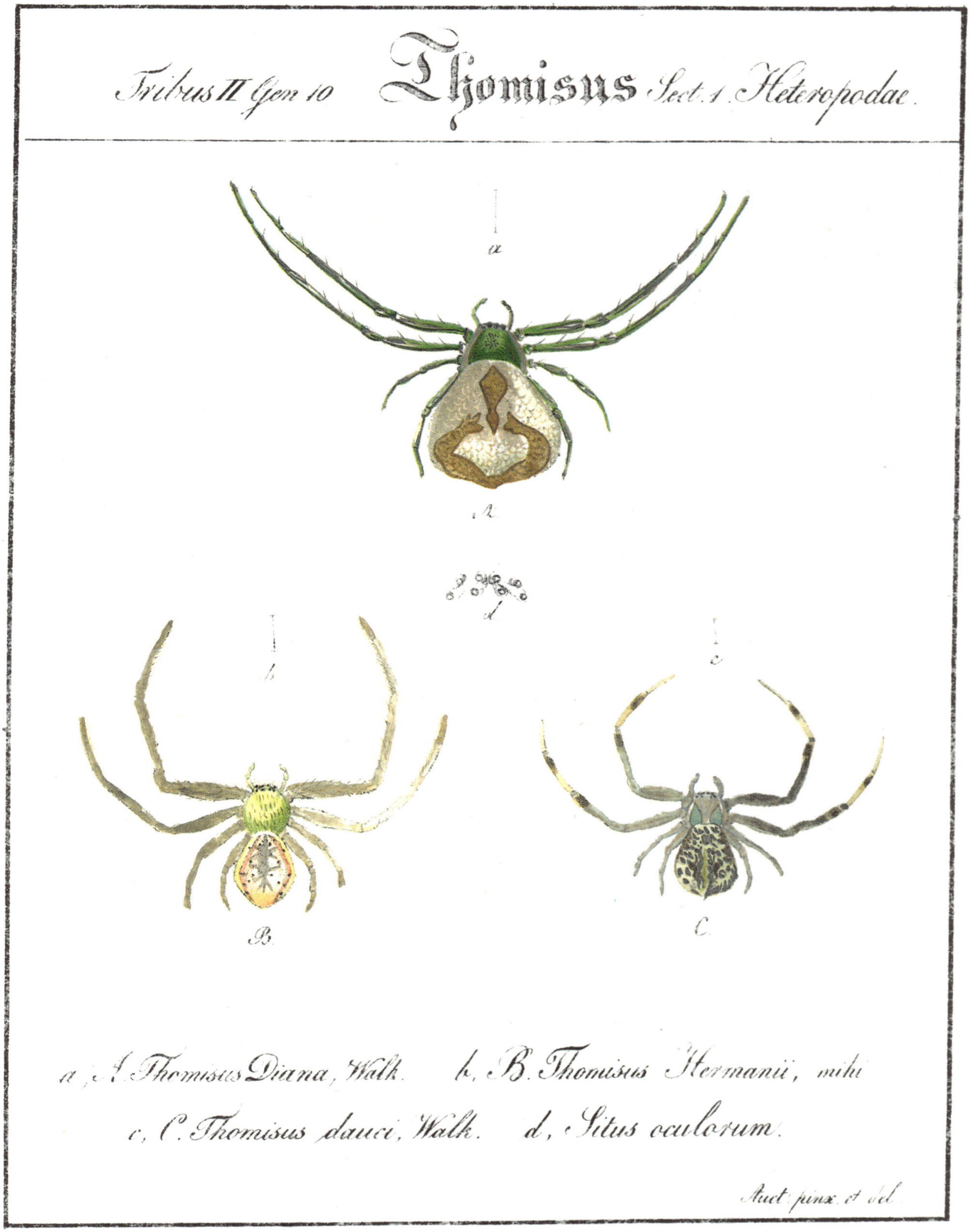
Tribus II Gen 10 Thomisus Sect. 1 Heteropodae.
a, A. Thomisus Diana, Walk. b, B. Thomisus Hermanii, mihi
c, C. Thomisus dauci, Walk. d, Situs oculorum.
Auct. pinx. et del.

Tafel 7

Nephila clavipes (Linné, 1767), ♂/♀

Tribus II. Gen. 18. Epeira Fam. 1. Elongatae cylindricae.

Epeira clavipes Latr. Walk.

a.) Masc. b.) Foem. c.) Situs oculorum.

Auct. pinx. et del.

Lectori benevolo P. S.

Ex opere, magno quod applausu favoreque ubique recipiebatur;

Monographia Aranearum a Dr. Carolo Guilielmo Hahn. 4maj.

intitulato, fascicula prima atque secunda publicam in lucem prodiit, impensis Auctoris doctissimi. Diversae autem causae eum movebant, ut opus, cujus negotium adhuc nobis erat traditum, ejusque edendi jus plane nobis concederet.

Investigatoribus amicisque rerum naturalium hujus operis fasciculam tertiam tradentes, sumtibus edendi susceptis atque Auctoris doct. aequitate pretio valde minuendo nos esse, indicamus.

Constat igitur ex hocce die fascicula quaevis, quatuor tabulis belle pictis ornata, in 4to maj. 2 fl. aut 1 thal. 8 gross in Monet. Saxon., quo pretio ea per omnes honestas officinas librarias et indigenas et alienigenas a nobis peti potest. Subscriptio locum non habet, si quis autem praesenti pecunia nos directe adire velit, ei deductionem justam offerimus.

Quae quum ita sint, bene speramus, fore ut hoc opus maxime sumtuosum multos fautores non tantum in Bavaria sed etiam in terris aliis sibi paret; quae res maximo nobis esset gaudio nec non incitamento, operis in futurum quam maxime perficiendi.

Anzeige.

Von dem mit so vielem Beifall aufgenommenen Werke:

Monographie der Spinnen von Dr. Carl Wilhelm Hahn. gr. 4.

erschien das erste und zweite Heft auf Kosten des Herrn Verfassers in dessen eigenem Verlage. Verschiedene Ursachen aber, brachten denselben zu dem Entschluſs, uns dasselbe, statt daſs wir es bisher nur in Commission hatten, gänzlich zu überlassen und das Verlagsrecht an uns abzutreten

Indem wir nun Naturforschern und Freunden der Naturkunde, das dritte Heft dieses Werkes übergeben, zeigen wir zugleich an, daſs wir durch die Uebernahme des Verlagsrechts, und durch die billigen Forderungen des gelehrten Herrn Verfassers in den Stand gesezt wurden, den bisherigen Ladenpreis bedeutend herabsetzen zu können.

Es kostet daher vom heutigen Tage an, jedes Heft mit 4 sehr fein illuminirten Kupfertafeln in gr. 4to. im Ladenpreis 2 fl. rhn. oder 1 Thaler 8 Groschen sächsisch Courrt. und ist für diesen Preis durch alle in- und ausländische solide Buchhandlungen, von uns zu beziehen Ein Subscriptionspreis findet nicht statt, doch wollen wir bei directer Bestellung von uns, und gegen gleich baare Zahlung, einen mäſsigen Rabatt geben.

Wir hoffen durch die Preis-Erniedrigung den Absatz und die Verbreitung dieses schätzbaren Werkes noch sehr zu vermehren, und würden uns freuen, wenn wir durch recht groſse Theilnahme an diesem, mit vielen Kosten verbundenem Unternehmen, sowohl im In- als im Auslande, recht thätig unterstüzt werden sollten.

Insuper et nobis mentio est facienda operis ab eodem Auctore, quod sub titulo:

Zugleich machen wir die verehrten Herren Abnehmer, noch auf ein Werk aufmerksam, das ebenfalls in unserm Verlage, von demselben Herrn Verfasser, unter dem Titel:

Dr. C. W. Hahns Vögel aus Asien, Africa, America und Neuholland, in Abbildungen nach der Natur mit Beschreibungen; (blos mit deutschem Text.)

impensis nostris in lucem prodit. Ex hoc opere usque ad hunc diem fasciculae decem editae sunt; quarum quaeque cum sex tabulis, coloribus eleganter ornatis, constat 2 fl. 24 cr. aut 1 thal. 8 gross. in Monet. Saxon. Qui autem argento praesenti atque mercede pecuniae perferendae soluta nos ipsos adire voluerit, fasciculam quamvis pretio subscriptionis: 1 fl. 30 cr. aut 20 Gross. in Monet. Saxon. accipiet.

Hujus operis autem mandata daturi, nobis sunt rogandi, ut hoc faciant, priusquam volumen primum ad finem perducatur.

Norimberga Calendis Aprilis
MDCCCXXII.

Officina libraria Lechneriana.

herauskommt. Bisher sind davon 10 Hefte erschienen und jedes Heft mit 6 fein illum. Kupfertafeln, in gr. 4to., kostet im Ladenpreis 2 fl. 24 kr. rhn. oder 1 Thlr. 8 Gr. sächs. Courr. Wer sich jedoch directe an uns wendet, und den Betrag gleich baar und franco einsendet, soll jedes der bereits erschienenen Hefte, noch für den Subscriptionspreis von 1 fl. 30 kr. rhn. oder 20 Groschen sächs. Crt. erhalten.

Die Bestellungen müssen aber noch vor dem Schluſs des ersten Bandes gemacht werden.

Nürnberg, am 1. April 1822.

**J. L. S. Lechner'sche
Buchhandlung.**

Fascicula tertia.	Drittes Heft.
Argumentum.	**Inhalt.**
Tab. I.	Tafel 1.
Mygale calpeiana, *Walk.*	Die Gebürgs-Würgspinne.

Walk. Tabl. des Aran. p. 5. Nr. 6.
Latr. Gen. Crust. et Insect. I. p. 85. spec. 7.

Haec species usque ad hoc tempus sola in regione, qua sita est Gibraltaria, habitat.	Man fand diese Art bisher nur in der Gegend von Gibraltar.
Ex collectione mea.	Aus meiner Sammlung.

Tab. II.	Tafel 2.
Lycosa tarantula, *Walk.*	Die Tarantel-Jagdspinne.

Walk. Tabl. des Aran. p. 11. Nr. 1.
Aranea tarantula, *Fabr. Syst. Ent. II. p. 425.*
Gmel. Linn. Syst. Nat. I. 2. p. 1035.

Habitat in Hispania, Lusitania, Italia et in Franco-Gallia meridionali.	In Spanien, Portugal, Italien und südlichen Frankreich.
Icon facta est ad exemplar collectionis Dom. Sturm, Norimbergae.	Aus der Sammlung des Herrn Sturm zu Nürnberg.

Tab. III.	Tafel 3.
Lycosa maculata, *mihi.*	Die gefleckte Jagdspinne.
Species haec non est rara, habitatque in regionibus paludosis sub lapidibus circa urbem Monachii.	In sumpfigen Gegenden unter Steinen um München, nicht sehr selten.
Ex collectione mea.	Aus meiner Sammlung.

Lycosa Waglerii, *mihi.*

In campis fluvio Isarae adjacentibus circa urbem Monachii sub lapidibus; species rara.

Amicus meus, Dr. Wagler, exemplar primum hujus speciei novae aestate anni elapsi detexit, idque mihi in excursione nostra tradidit; quam ob rem hanc speciem ex hoc rerum naturalium investigatore sagacissimo nominabam.

Die Waglers-Jagdspinne.

In den Isar-Auen um München unter Steinen, selten.

Mein Freund, Herr Dr. Wagler dahier, entdeckte das erste Exemplar dieser neuen Art, im Sommer vorigen Jahres, und übergab mir solches auf unserer gemeinschaftlichen Excoursion, daher nannte ich diese Art diesem eifrigen Naturforscher zu Ehren.

Tab. IV.

Epeïra furcata, *mihi.*

Habitat Cajennae.

Ex collectione. Dom. Sturm, Norimbergae.

Tafel 4.

Die gegabelte Radspinne.

Aus Cajenne.

Aus der Sammlung des Herrn Sturm in Nürnberg.

Epeïra sexspinosa, *mihi.*

Habitat Surinamae.

Ex collectione mea.

Die sechsstachelichte Radspinne.

Aus Surinam.

Aus meiner Sammlung.

Tribus I Gen. 1 Mÿgale Fam. 2 Digitigrades inermes
b.
a.
a.
Mÿgale calpeiana, Walk. a Situs oculorum b.
Auctor ad natur pinx

Tafel 9

Vorhergehende Seite/Previous page:

Macrothele calpeiana (Walckenaer, 1805), ♂

*Lycosa tarentula (Rossi, 1790)

Tribus II Gen. 4 Lycosa Fam. 1 Terricolae
Lycosa Tarantula, Latr. Walk.
Auctor ad natur. pinx.

Tafel 10

1 – Arctosa maculata (Hahn, 1822)
2 – Pardosa wagleri (Hahn, 1822)

Tribus II Gen. 4
Lycosa
Fam: 1. Terricolae
1 A
1. a.
2 B
2. a.
1 Lÿcosa maculata mihi 2 Lÿcosa Waglerii, mihi.
Auctor ad nat. pinx.

A – Micrathena sexspinosa (Hahn, 1822)
B – Micrathena furcata (Hahn, 1822)

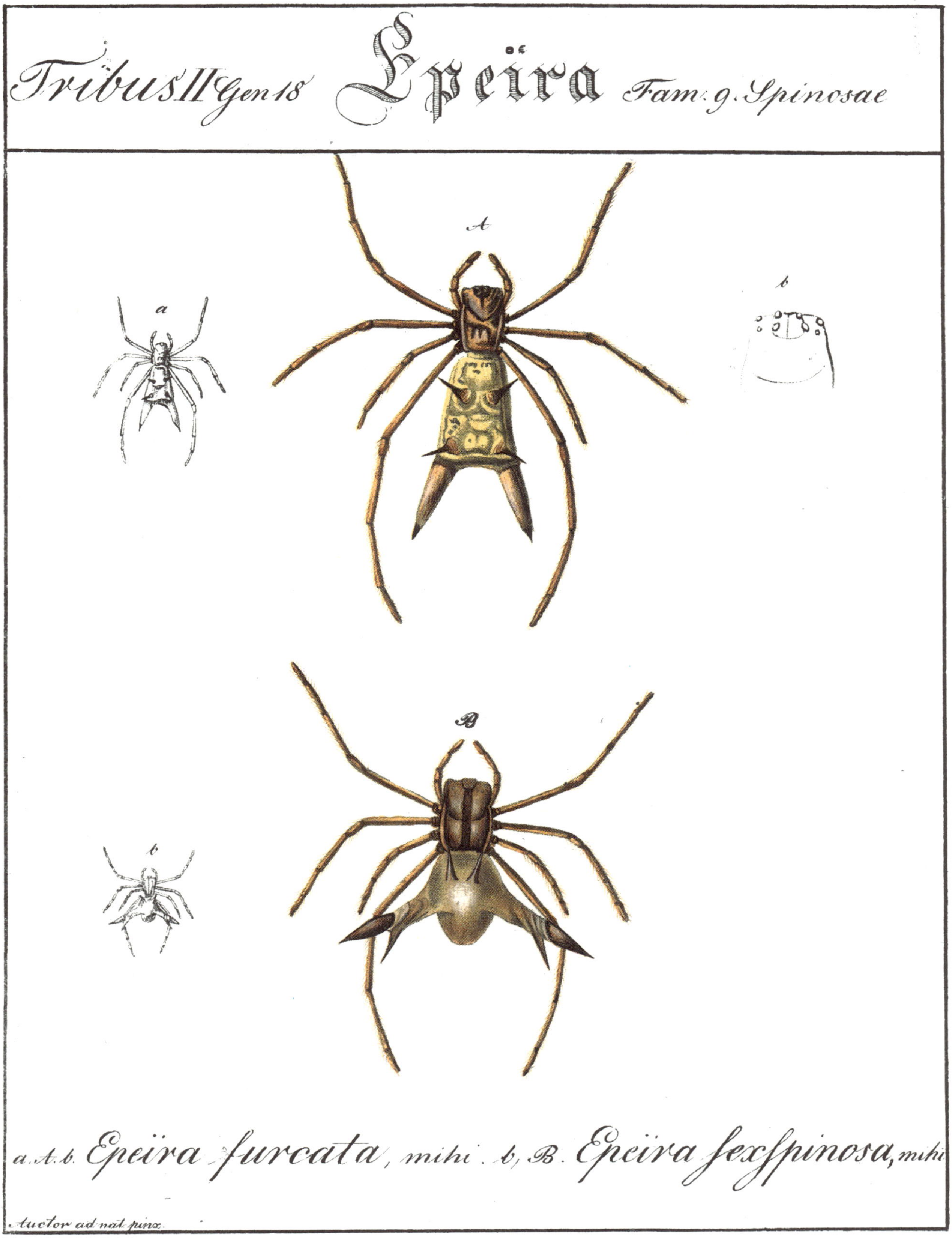
Tribus II Gen. 18 Epeïra Fam. 9. Spinosae
A
a
b
B
b
a. A. b. Epeïra furcata, mihi. b, B. Epeïra sexspinosa, mihi
Auctor ad nat. pinx.

Tafel 12

Notandum.

Fortunae partim adversae, partim priores fasciculi haud frequenter venditi impediverunt, quo minus hoc opus, quod historiae naturalis studium non mediocriter juvabit, continuaretur. Meliora vero auspicia emtorumque incrementa facultatem dederunt, ut hicce quartus fasciculus in lucem proferretur.

Multi quum optarent, ut operis citius perficiendi causa tabulae fasciculorum sequentium plures icones, quam priores, continerent, illorum votis libenter respondens, huic quarto fasciculo quatuordecim icones adjeci. Impensis autem hoc modo auctis, singuli fasciculi inde ab hoc quarto constant 3 fl. — rhn. vel 2 thlr. — saechs. Crt. Me ipsum vere adeuntibus vendam singulos fasciculos 2 fl. 24 kr. vel 1 thlr. 12 ggr.; alii bibliopolae hoc commodum praestare nequeunt.

Nuntium annecto, me perpetuo araneas cura Dr. *Hahnii* optime praeparatas in promtu habere, quas aeque ac reliqua naturalia et vendo, et aliis permuto. Catalogus naturalium, quas possideo, hanc rem clarius definit.

Nachricht.

Durch widrige Verhältnisse eines Theils, und zu wenigen Absatz andern Theils, kam es, dafs die Fortsetzung dieses für die Naturwissenschaft gewifs sehr wichtigen Werkes bisher unterblieb. Nachdem sich aber endlich günstigere Aussichten zeigen, und die Abnehmer sich nach und nach mehren, so erscheint hiemit das vierte Heft.

Da indessen von mehreren Seiten der Wunsch geäussert wurde, dafs zur frühern Beendigung des Ganzen mehr Abbildungen als bisher in jedem Hefte vorkommen möchten, so wurde diesem Begehren gerne entsprochen, und es enthält das vierte Heft vierzehn Abbildungen. Natürlich vermehrt dies aber auch die Unkosten, und ich kann daher, von diesem vierten Heft an, den Preis eines jeden (Heftes) nicht geringer als 3 fl. rhn. oder 2 Thlr. sächs. stellen. Blos in dem Falle, wenn man sich directe an mich wendet, erlasse ich das Heft für 2 fl. 24 kr. oder 1 Thlr. 12 Ggr.; andere Buchhandlungen können diesen Vortheil nicht gewähren.

Bei dieser Gelegenheit zeige ich an, dafs ich mit einem Vorrath von Spinnen, von Herrn Dr. *Hahn* sehr gut präparirt, beständig versehen bin, und solche so wie andere Naturalien sowohl gegen Bezahlung als auch in Tausch gerne abgebe. Mein Naturalien-Katalog sagt darüber das Nähere.

Hanc aranearum monographiam ementibus commendo quoque novum Dr. *Hahnii* opus:

Icones ad monographiam cimicum etc.

cujus primus fasciculus viginti quatuor tabulas pictas complectens modo perfectus est. Reliqua a me sunt audienda. Pretium singulorum fasciculorum simile est ac fasciculorum monographiae aranearum; hoc opus vero a me ipso, nec ab alio bibliopola redemturis pariter permittam singulos fasciculos 2 fl. 24 kr. rhn. vel 1 thlr. 12 gr. sächs. Crt.

Norimbergae, mense Aprilo
A. MDCCCXXVI.

J. J. Lechnerus,
Bibliopola et naturalium mercator.

Den gütigen Abnehmern dieses Spinnen-Werkes empfehle ich auch das neue Werk des Herrn Dr. *Hahn :*

Abbildungen zur Naturgeschichte der wanzenartigen Insecten;

wovon so eben das erste Heft mit 24 vortreflichen Abbildungen erschienen ist. Eine ausführlichere Anzeige davon ist bei mir zu haben. Der Preis eines Heftes ist mit dem eines Spinnenheftes gleich, und wer es von mir selbst, und nicht durch eine andere Handlung bezieht, erhält das Heft ebenfalls für 2 fl. 24 kr. rhn. oder 1 Rthlr. 12 gr. sächs. Crt.

Nürnberg, im April 1826.

J. J. Lechner,
Buch- und Naturalien-Händler.

Fasciculus quartus.

Viertes Heft.

Argumentum.

Inhalt.

Attus scenicus, *Walk.*

Die Harlequins Hüpfspinne.

Salticus scenicus, *Latr.*
Aranea scenica, *Linn. Fabr.*

Haec species habitat haud rara in tota fere Europa, in muribus et ligno et lapidibus exstructis etc.

Diese fast in ganz Europa einheimische Art findet sich an Bretterwänden, Mauern etc. ziemlich häufig.

Attus limbatus, *Mihi.*

Die gesäumte Hüpfspinne.

Hanc speciem nusquam descriptam inveni raram circa Monachium et Norimbergam in silvis in arborum truncis.

Diese noch nirgends beschriebene Art fand ich um München und Nürnberg in Wäldern an alten Baumstöcken, aber selten.

Attus fasciatus, *Mihi.*

Die gestreifte Hüpfspinne.

Hanc novam speciem in silvis circa Norimbergam inveni.

Ich entdeckte diese neue Art um Nürnberg in Wäldern.

Attus cupreus, *Walk.*

Die kupferglänzende Hüpfspinne.

In plurimis circa Norimbergam dumetis aestate haud rara.

Auf Hecken im Sommer allenthalben um Nürnberg nicht selten.

Attus cordicalis, *Mihi.*

Die Rinden-Hüpfspinne.

Plerumque haec species circa Norimbergam habitat in annosis salicibus, sub quarum cortice hieme versatur.

Gewöhnlich findet sich diese Spinne an alten Weidenbäumen um Nürnberg und überwintert unter der Rinde derselben.

Attus pubescens, *Walk.*

Die feinhaarige Hüpfspinne.

Aranea pubescens. *Fabr.*

Plurimis Germaniae et Galliae locis in muribus ligneis non rara habitat haec species.

An Bretterwänden findet man diese Hüpfspinne allenthalben in Deutschland und Frankreich nicht selten.

Thomisus griseus, *Mihi.*

Haec nova species habitat frequens in pinis circa Norimbergam.

Die graue Krappenspinne.

Auf Föhrenbäumen um Nürnberg findet sich diese neue Art nicht selten.

Thomisus laevipes.

Die leichtfüssige Krappenspinne.

Aranea laevipes. *Linn. Fabr.*

In Germania et Suecia in truncis arboribus muribusque ligneis.

An alten Balken und Bretterwänden in Deutschland und Schweden.

Thomisus brevipes, *Mihi.*

Die kurzfüssige Krappenspinne.

Hanc speciem nusquam descriptam circa Norimbergam in dumetis inveni.

Auf Hecken um Nürnberg entdeckte ich diese noch nirgends beschriebene Art.

Theridion 4-punctatum, *Walk.*

Die viermalpunctirte Webespinne.

Theridion 4-punctatum. *Latr.*

Aranea bipunctata. *Linn. Fabr.*

Aedium stabulorumque locis obscuris non rara.

In Häusern und Ställen an dunklen Orten nicht selten.

Theridion maxillosum, *Mihi.*

Die Kinnladen Webespinne.

Sub lapidibus et in gramine haec species non rara circa Norimbergam et Monachium habitat. Quod attinet ad abdominis colorem, maxime variabilis est.

Unter Steinen und im Grase findet sich diese Art um Nürnberg und München nicht selten. Sie ändert hinsichtlich der Farbe des Hinterleibs sehr ab.

Theridion redimitum, *Walk.*

Die gegürtelte Webespinne.

Nonnullis Germaniae, Galliae et Sueciae locis haec species in dumetis habitat frequens.

In Deutschland, Frankreich und Schweden kommt diese Art auf Hecken an manchen Orten häufig vor.

Aranea lineata et ovata *Fabr. Linn.* varietates tantum hujus speciei sunt.

Aranea lineata und ovata *Fabr. Linn.* sind nur Abweichungen dieser Art.

Omnes species in hoc fasciculo delineatae sunt in collectione mea.

Alle in diesem Hefte abgebildete Arten besitze ich in meiner Sammlung.

Tribus II, Gen. 9 **Attus** *Fam. 1 Saltatoriae.*

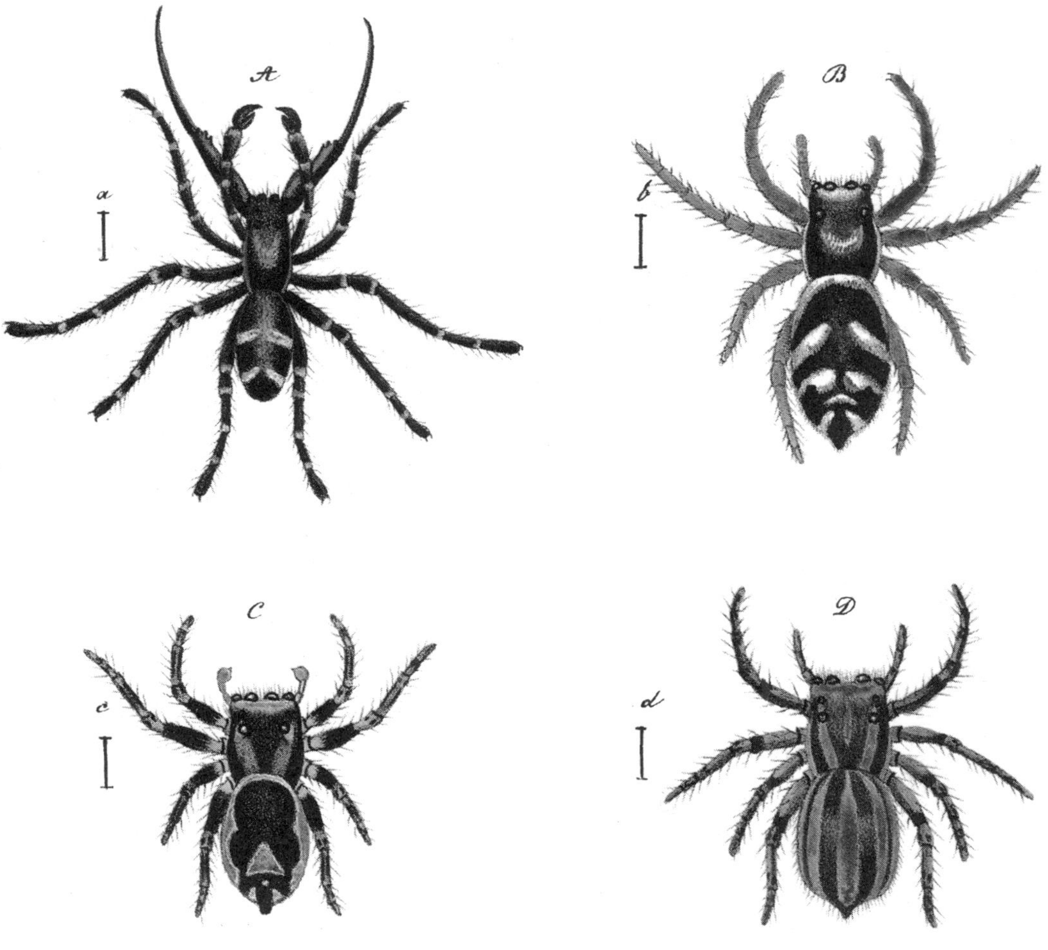

a. A. A. scenicus, Linn. Masc. *b. B. A. scenicus, Linn. Fem.*

c. C. A. limbatus, Mihi. *d. D. A. fasciatus, Mihi.*

Autor ad natur. pinx.

Tafel 13

Vorhergehende Seite/Previous page:

A, B – Salticus scenicus (Clerck, 1757), ♂/♀
C – Evarcha arcuata (Clerck, 1757), ♂
D – Phlegra fasciata (Hahn, 1826)

A, B – Heliophanus cupreus (Walckenaer, 1802), ♂/♀
C – Salticus cingulatus (Panzer, 1797)
D – Sitticus pubescens (Fabricius, 1775) ♂

Tribus II. Gen. 9. Attus Saltatoriae. Fam. 1.

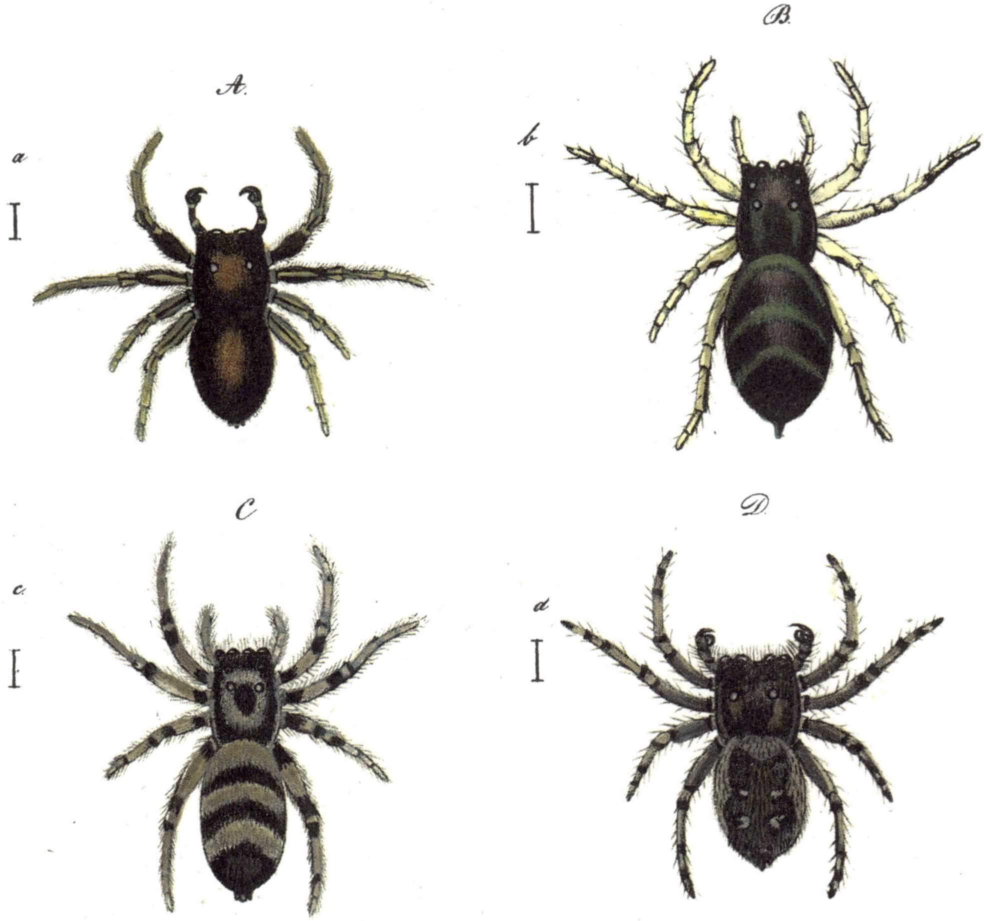

a. A. A. cupreus, Walk. Mas.

b. B. A. cupreus, Walk. Fem.

c. C. A. cordicalis, Mihi.

d. D. A. pubescens, Fabr.

Aut. ad Nat. pinx. et del.

A – Philodromus emarginatus (Schrank, 1803)
B – Philodromus margaritatus (Clerck, 1757)
C – Oxyptila brevipes (Hahn, 1826)

Tribus. II. *Gen. 10.* **Thomisus**

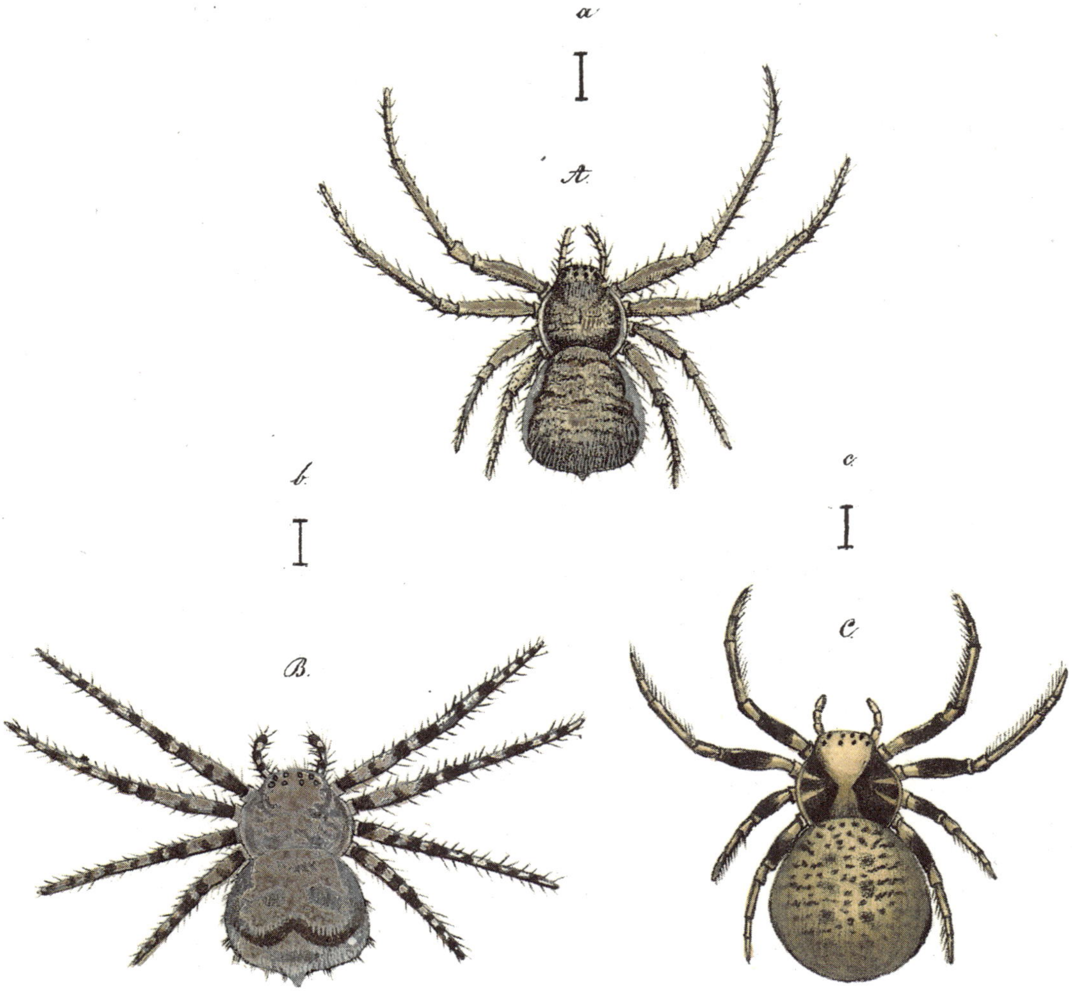

a. A. T. *griseus* Mihi.

b. B. T. *laevipes*, Linn. c. C. T. *brevipes*, Mihi.

Aut. ad Nat. pinx. et del.

A – Steatoda bipunctata (Linné, 1758)
B – Pachygnata clercki Sundevall, 1823
C – Enoplognatha ovata (Clerck, 1757)

Tribus II Gen. 22. Theridion
A
B
a
b
c
C
a. A. T. 4-punctatum, Walk.
b. B. T. maxillosum, Mihi.
c. C. T. redimitum, Walk.
Autor ad Nat. pinx. et del.

Tafel 16

Fasciculus quintus.

Fünftes Heft.

Argumentum.

Inhalt.

Tab. I.

Lycosa Ephippium, *Mihi.*

In palustribus; haud raro.

Lycosa lapidicola, *Mihi.*

In littore piscinarum sub lapidibus; hac in regione vulgaris.

Lycosa saccata, *Linn.*

Aranea saccata, *Linn. Fabr. etc.*
Lycosa saccata, *Walkenaer. Latr.*

Prope ripas et in humidis pratis; vulgaris.

Tafel I.

Die gesattelte Jagdspinne.

An sumpfigen Orten; nicht selten.

Die Stein-Jagdspinne.

Am Ufer der Teiche unter Steinen; in hiesiger Gegend gar nicht selten.

Die sacktragende Jagdspinne.

An Ufern und auf feuchten Wiesen; gemein.

Tab. II.

Dolomodes mirabilis, *Walkenaer.*

Aranea obscura, *Fabr.*
Dolomodes mirabilis, *Walk. Latr.*

In silvis et fruticetis, aeque ac in gramine. Ad abdominis colorem quod attinet, variat.

Tafel II.

Die Wald-Wunderspinne.

In Wäldern und Gebüschen, auch im hohen Grase. Aendert hinsichtlich der Färbung des Hinterleibes sehr ab.

Tab. III.

Attus Sloani, *Latr.*

Aranea Sloani, *Scop.*
Attus Sloani, *Latr.*

Per Europam meridionalem, in muris et ligno vetere.

Tafel III.

Die Sloanische Hüpfspinne.

Im südlichen Europa, an Mauern und altem Holze.

Attus semilimbatus, *Mihi.*

Hofmannus, qui per itinera res naturales colligit, hoc novum genus circa Neapolin deprehendit.

Die halbeingefaſste Hüpfspinne.

Herr Hoffmann, ein reisender Naturalien-Sammler, entdeckte diese neue Art um Neapel.

Attus pulchellus, *Mihi.*

Hanc bellam araneam hac in regione deprehendi, perraro tamen in parietibus ligneis vetustis.

Die schöne Hüpfspinne.

Ich entdeckte diese niedliche Spinne in hiesiger Gegend, wo sie jedoch sehr sparsam an alten Bretterwänden vorkommt.

Tab. IV.

Clubiona holosericea, *Linn.*

Tafel IV.

Die feinhaarige Rindenspinne.

Aranea holosericea, *Linn. Fabr.*
Clubiona holosericea, *Walk. Latr.*

Sub cortice veterum salicum; vulgaris.

Unter der Rinde alter Weidenbäume; gemein.

Clubiona Aethiops, *Mihi.*

In silvis sub cortice truncorum, circa Monacum; raro.

Die Mohren-Rindenspinne.

In Wäldern unter der Rinde alter Baumstöcke, um München; selten.

Clubiona rubripes, *Mihi.*

Hoc novum genus in Alpibus Bavaricis comprehendi sub lapidibus.

Die rothfüſsige Rindenspinne.

Diese neue Art entdeckte ich in den bayerischen Alpen unter Steinen.

Tribus II. Gen. 4. Lycosa.

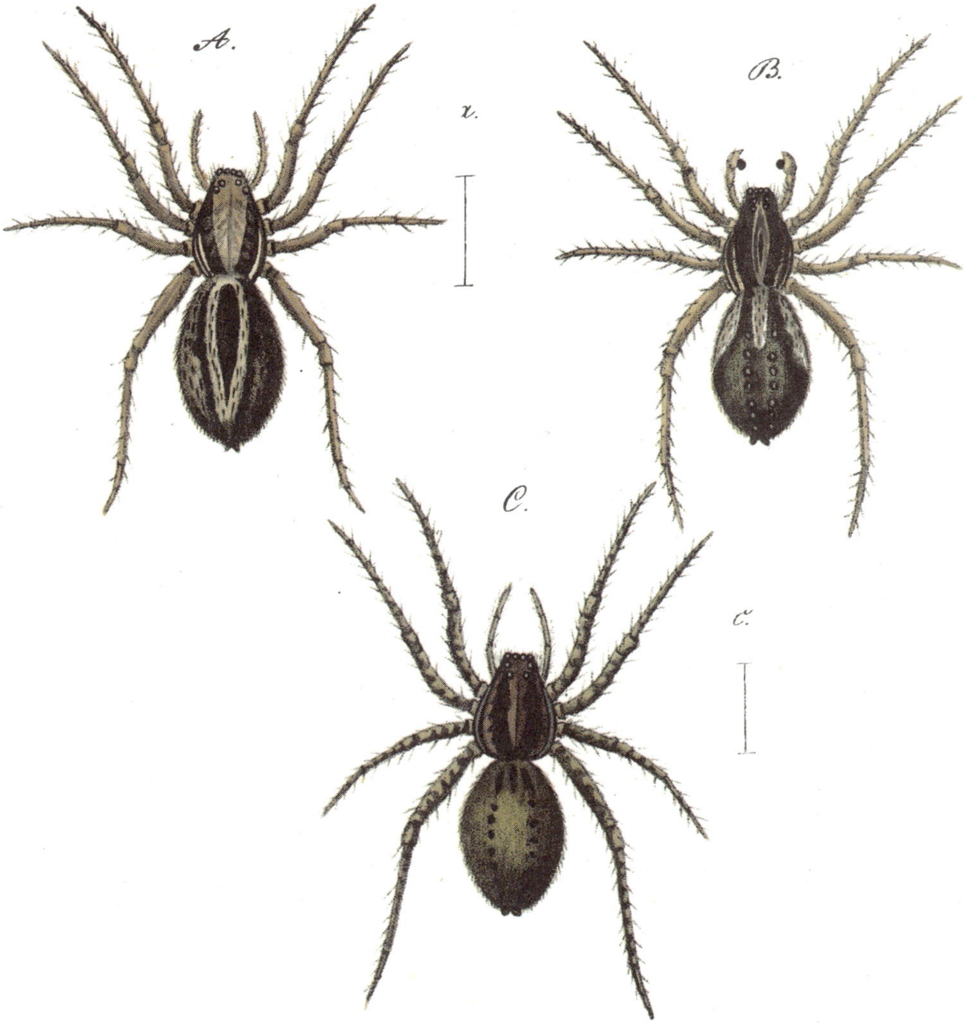

a. A. L. Ephippium, Mihi. b. B. L. lapidicola, Hahn.
c. C. L. saccata, Linn.

Tafel 17

Vorhergehende Seite/Previous page:

A –*Alopecosa aculeata (Clerck, 1757)
B – Trochosa ruricola (Degeer, 1778), ♂
C – Pardosa amentata (Clerck, 1757)

Pisaura mirabilis (Clerck, 1757), ♂

Tribus II Gen. 5. **Dolomedes**, Sylvariae Fam. 2

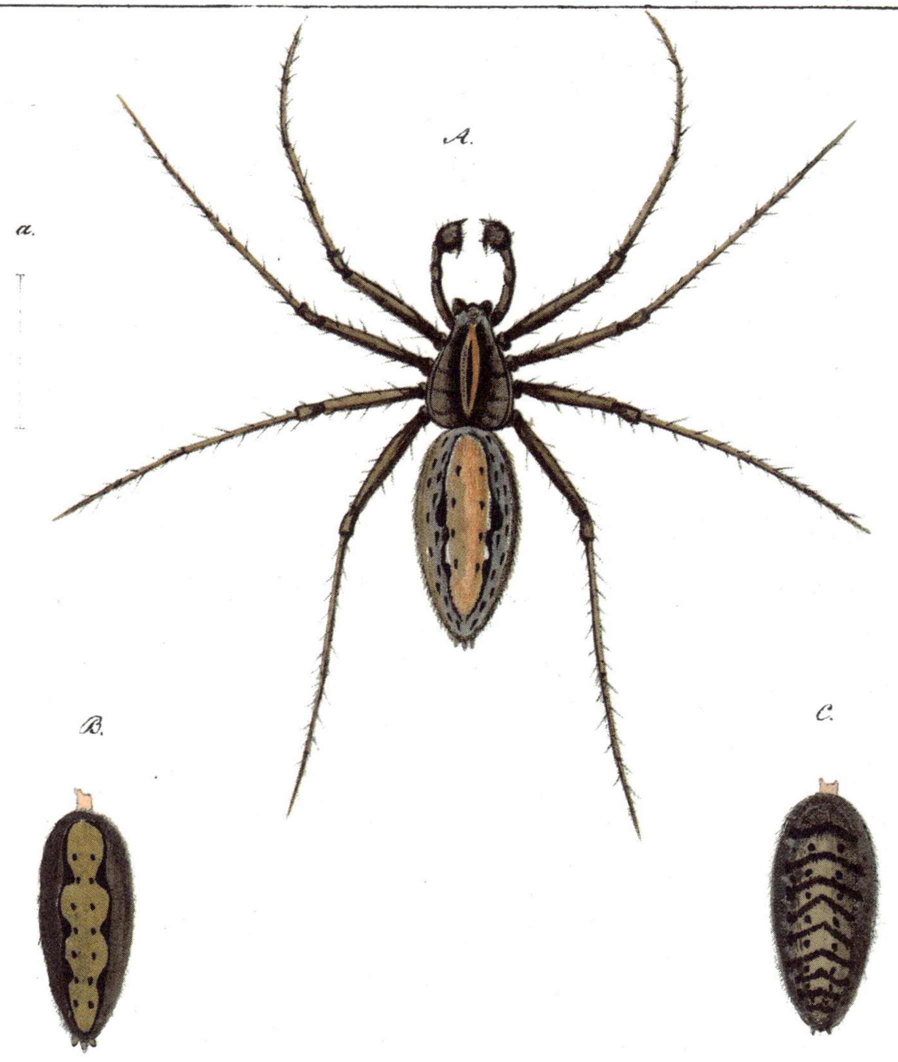

a. A. Dolomedes mirabilis, Walkenaer. B. C. variet.

Tafel 18

A – Philaeus chrysops (Poda,1761)
B – Menemerus semilimbatus (Hahn, 1827), ♂
C – Pseudicius encarpatus (Walckenaer, 1802)

Tribus II Gen. 9. **Attus** Saltatoriae. Fam. 1.

a. A. A. Sloani, Latr. b. B. A. semilimbatus, Mihi.

c. C. A. pulchellus, Mihi.

Tafel 19

A – *Clubiona coerulescens* L. Koch, 1867
B, C – ?

Tribus II Gen. 12. Clubiona.
A
B.
a.
b.
C.
c.
a. A. C. holosericea, Linn.
b. B. C. Aethiops, Mihi.
c. C. C. rubripes, Mihi.
Autor ad Nat. pinx. et del.

Fasciculus sextus.

Argumentum.

Fig. a. A. 1.

Thomisus citreus, *De Geer.*

Thomisus citreus, *Walk.*

Araneus citreus, *De Geer.*

Jn pratis, in tota paene Europa, non rara.

Fig. b. B.

Thomisus calycinus, *Linn.*

Aranea calycina, *Linn.*

Habitat cum specie priori eodem loco, et varietas ejus esse mihi videtur.

Fig. c. C. 2.

Thomisus cristatus, *Latr.*

Thomisus cristatus, *Latr. Walk.*

Haec species in Europa meridionali tantum habitat.

Fig. a. A. 1.

Thomisus Ulmi, *mihi.*

Jn Ulmorum frondibus hanc speciem novam ad Norimbergam inveni.

Fig. b. B.

Thomisus lateralis, *mihi.*

Habitat rara in fruticetis sylvarum circa Norimbergam.

Fig. c. C.

Thomisus Pini, *mihi.*

Jn pinis circa Norimbergam, non rara.

Fig. a. A. 1.

Theridion melanurum, *mihi.*

Jn saxis ad Muggendorfum, rarissima.

Fig. b. B. 2.

Theridion leuconotum, *mihi.*

Jn dumetis circa Norimbergam, non rara.

Fig. c. C. 3.

Theridion ornatum, *mihi.*

Circa Norimbergam in virgultis et dumetis frequens.

Fig. a. A. 1.

Theridion dorsiger, *mihi.*

Jn graminibus et fruticetis rarior.

Fig. b. B. 2.

Theridion nebulosum, *mihi.*

Jn dumetis circa Norimbergam, non frequens.

Fig. c. C. 3.

Theridion tibiale, *mihi.*

Jn pinis et abietibus circa Norimbergam, frequens.

Fig. d. D. 4.

Theridion rufipes, *Linn.*

Jn variis dumetis ubique locorum frequentissima.

Omnes species in hoc fasciculo delineatas proprias in colectione mea possideo.

Sechstes Heft.

Jnhalt.

Bild a. A. 1.

Die zitronengelbe Krappenspinne.

Auf Wiesenblumen fast in ganz Europa, nicht selten.

Bild b. B.

Die Blumen-Krappenspinne.

Findet sich mit voriger Art an gleichen Orten, und scheint nur Abänderung derselben zu sein.

Bild c. C. 2.

Die gekrönte Krappenspinne.

Diese Art findet sich nur in den südlichen Gegenden von Europa vor.

Bild. a. A. 1.

Die Ulmen-Krappenspinne.

Auf niedern Ulmengebüschen entdeckte ich diese neue Art in der Gegend von Nürnberg.

Bild b. B.

Die seitenstreifige Krappenspinne

Um Nürnberg in Wäldern auf niedern Gesträuchen, aber selten.

Bild c. C.

Die Fohren-Krappenspinne.

Auf Fohrenbäumen um Nürnberg gar nicht selten.

Bild a. A. 1.

Die schwarzafterige Webespinne.

Bei Muggendorf an Felsen, sehr selten.

Bild b. B. 2.

Die weisrückige Webespinne.

Um Nürnberg an Hecken, nicht sehr selten.

Bild c. C. 3.

Die gezierte Webespinne.

An Gesträuchen und Hecken in hiesiger Gegend gemein.

Bild a. A. 1.

Die hellrückige Webespinne.

Auf hohen Grase und niedern Gesträuchen, nicht sehr gemein.

Bild b. B. 2.

Die wolkige Webespinne

Jn hiesiger Gegend an Hecken, nicht haeufig.

Bild. c. C. 3.

Die Schienen-Webespinne.

Auf Fohren und Fichten gemein um Nürnberg.

Bild. d. D. 4.

Die rothfüssige Webespinne.

Auf allerlei nidern Gesträuchen allenthalben gemein.

Alle in diesem Hefte bildlich dargestellten Arten besitze ich in meiner Sammlung.

Dr. Hahn.

A, B – Misumena vatia (Clerck, 1757)
C – Xysticus cristatus (Clerck, 1757) ?

Tribus II. Gen. 10. Thomisus. Fam. 3. Cancroides.

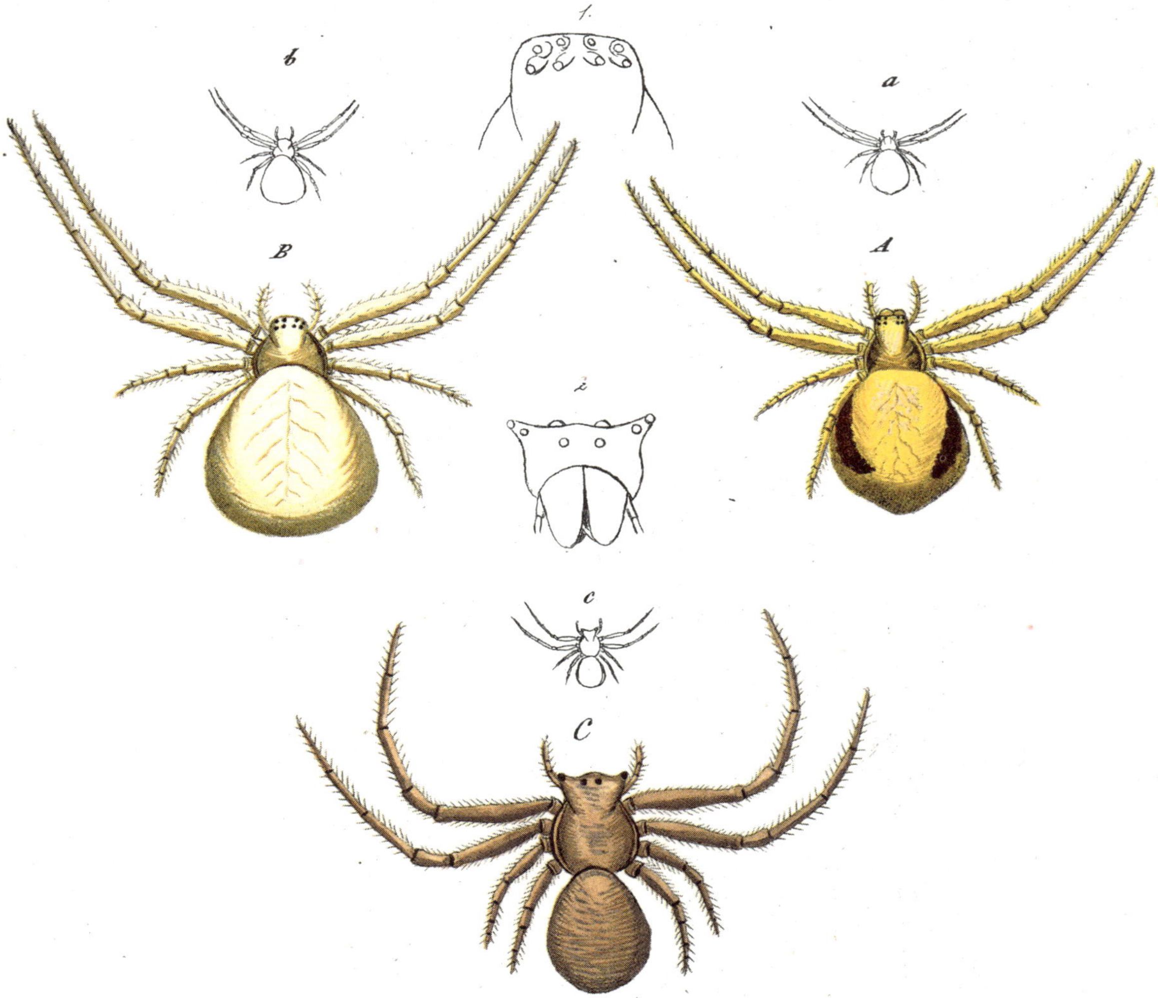

Fig. a. A. 1 T. citreus, DeGeer. Fig. b. B. T. Calycinus, Linn.

Fig. c. C. 2. T. cristatus, Walk.

Aut. ad nat. del et pinx. VI. 1

A – Xysticus ulmi (Hahn, 1831)
B, C – Xysticus audax (Schrank, 1803)

Tribus II. Gen. 10. Thomisus Fam. 3 Cancriites.

Fig. a. A. 1. T. Ulmi, Hahn. Fig. b B. T. lateralis, Hahn.
Fig. c. C T Pini, Hahn.

Pl. 2.

A – Theridion melanurum Hahn, 1831
B – Theridion varians Hahn, 1833
C – Theridion pictum (Walckenaer, 1802)

Tribus II. Gen. 22. Theridion. Fam. 3. Turgidae.

Fig. a. A. 1. T. melanurum, Hahn. Fig. b B. 2. leuconotum, Hahn.

Fig. c. C. 3. T. ornatum, Hahn.

Aut. ad. nat. pinx. *VI. 3.*

A – ?
B – Theridion bimaculatum (Linné, 1767)
C – *Centromerita bicolor (Blackwall,1833)
D – *Gongylidium rufipes (Sundevall, 1829)

Tribus II. Gen. 22. Theridion. Fam. 3. Turgidae.

Fig. a. A. 1. T. nebulosum, Hahn. Fig. b. B. 2. T. dorsiger, Hahn.
Fig. c. C. 3. T. tibiale, Hahn. Fig. d. D. 4. T. rufipes, Linn.

Aut. ad nat. pinx. VI. 4.

Tafel 24

Siebentes Heft.

Innhalt.

Bild. c.

Steinschlüpfspinne.

Unter Steinen in gebirgigen Gegenden, nicht selten. Aus d. Gegend von Hersbruck.

Bild. b.

Hecken Schlüpfspinne.

Im Sommer auf Hecken, wo sie in zusammen gesponnenen Blättern lebt. In hiesiger Gegend nicht selten.

Bild. a.

Punktfleckiche Schlüpfspinne.

Auf niedern Föhrengebüschen in hiesiger Gegend, aber nicht gemein.

Bild. c.

Schwarze Sackspinne

Aranea atra, Sulzer.

Unter Steinen in Wäldern um Nürnberg sehr selten.

Bild. b

Braunschienige Sackspinne.

Bei Erlangen unter Steinen an Anhöhen, selten.

Bild. a.

Grauleibige Sackspinne

Aranea cinerea, Panzer.

Unter Steinen, in hiesiger Gegend, selten.

Bild. a.

Scorpionartige Krabbenspinne

Aranea scorpiformis, Fabr.

Auf verschiedenen Schirmpflanzen im Sommer, nicht gemein.

Bild. b.

Vierstreifige Krabbenspinne.

Auf Wiesen welche in Wäldern liegen, sehr selten.

Bild. c.

Abgestutzte Krabbenspinne

Aranea truncata, Pallas.

Aranea horrita. Fabr.

Auf Bäumen in Wäldern, sehr selten.

Bild. d.

Wiesen Krabbenspinne

In hiesiger Gegend nicht selten auf Wiesenblumen.

Bild. a.

Eingefaßte Krabbenspinne

Auf Hecken, in hiesiger Gegend ziemlich selten.

Bild. b.

Rückenfleckige Krabbenspinne.

Aranea dorsata. Fabr.

Thomisus floricolens. Walk.

Auf Wiesenblumen nicht gemein.

Bild. c

Dunkelfarbige Krabbenspinne.

Aus Italien, wo sie nicht selten ist.

Bild. d.

Rundleibige Krabbenspinne

Aranea globosa. Fabr.

Thomisus roduntatus. Walk.

An Hecken bei Erlangen, nicht selten.

Fast sämmtliche in dieser Lieferung abgebildete Arten besitze ich in meiner Sammlung, welche immer ansehlicher wird.

Wiederholt bitte ich Sammler und Aufseher von Kabinetten, mir seltene Spinnen, besonders ausländische, zum Abbilden mitzutheilen.

Das achte Heft dieses Werkes ist bereits in Arbeit.

Von meinen „Abbildungen der Wanzenartigen Insecten" ist die erste sehr schöne Lieferung, so eben herausgegeben worden

J. J. Lechner.

Fasciculus septimus.

Argumentum.

Fig. c.

Clubiona lapidaria. Hahn.

In locis montosis sub lapidibus, frequens. Prope Hersbruck.

Fig. b.

Clubiona dumentorum. Hahn.

In dumetis in foliis abvolutis aestate. Circa Norimbergam non rara.

Fig. a.

Clubiona punctata. Hahn.

In fructicibus pinetis depressis, haud infrequens.

Fig. c.

Drassus ater. Sulzer.

Aranea atra. Sulzer.

In sylvis sub lapidibus, circa Norimbergam rarissime.

Fig. b

Drassus tibialis. Hahn.

Circa Erlangam ad tumulos sub lapidibus, infrequens

Fig. a.

Drassus cinereus. Panzer.

Aranea cinerea. Panzer.

Sub lapidibus, apud nos infrequens

Fig. a.

Thomisus scorpiformis Fabr.

Aranea scorpiformis. Fabr.

In plantis umbellatis variis, aestate, infrequens.

Fig. b.

Thomisus quatrilineatus. Hahn.

In pratis sylvaticis, rarissime.

Fig. c.

Thomisus truncatus. Pallas.

Aranea truncata, Pallas.

Aranea horrita. Fabr.

In arboribus sylvaticis, rarissime.

Fig. d.

Thomisus pratensis. Hahn.

Circa Norimbergam frequens, in pratis.

Fig. a.

Thomisus limbatus. Hahn.

In dumetis, circa Norimbergam infrequens.

Fig. b

Thomisus dorsatus. Fabr.

Aranea dorsata. Fabr.

Thomisus floricolens. Walk.

In pratis infrequens.

Fig. c.

Thomisus obscurus. Hahn.

Habitat in Italia, frequens.

Fig. d.

Thomisus globosus. Fabr.

Aranea globosa. Fabr.

Thomisus roduntatus Walk.

Circa Erlangam in dumetis, frequens.

Omnes fere in hoc fasciculo Species depictas ipse in mea collectione possideo, quae in diem crescit.

Rursus rogo, ut collectores et inspectores collectionum mihi raras, praesertim exoticas araneas ad depingendum communicent.

Octavus hujus operis fasciculus jam elaboratur.

Primus perpulcher fasciculus „iconum cimicum" hoc die editus est.

J. J. Lechner.

a – *Anyphaena accentuata* (Walckenaer, 1802)
b – *Cheiracanthium erraticum* (Walckenaer, 1802)
c – *Drassodes lapidosus* (Walckenaer, 1802)

Clubiona

a. *punctata*, Hahn. b. *dumentorum*, Hahn. c. *lapidaria*, Hahn.

Tafel 25

a – Cicurina cicur (Fabricius, 1793)
b – ?
Roewer: *Scotophaeus scutulatus (L. Koch, 1866)* ?
c – Zelotes petrensis (C. L. Koch, 1839)
Roewer: *Zelotes latreillei (Simon, 1878)*

Drassus

a. *cinereus*, Panzer. b. *tibialis*, Hahn. c. *ater*, Sulzer. Fem.
d. Abdom. infer.

a, b – Misumena vatia (Clerck, 1757), ♂/? inad. ♂
c – Pisticus truncatus (Pallas, 1772)
d – Misumena vatia (Clerck, 1757)

Thomisus

a. *scorpiformis*, Fabr. Mas. b. *quatrilineatus*, Hahn. c. *truncatus*, Pallas.
d. *pratensis*, Hahn.

Tafel 27

a – Philodromus dispar Walckenaer, 1825, ♂
b – Diaea dorsata (Fabricius, 1777)
c – Xysticus robustus (Hahn, 1832)
d – Synaema globosum (Fabricius, 1775)

Thomisus

a. *limbatus*, Hahn. b. *dorsatus*, Fabr. c. *obscurus*, Hahn.
d. *globosus*, Fabr

Tafel 28

Achtes Heft.

Inhalt.

Bild. a.

Seidenglänzende Radspinne.

Südliches Frankreich u. Italien.

Bild b.

Höcker-Radspinne. Weib.

An Bäumen in Gärten und Wäldern, fast durch ganz Europa.

Bild. c.

Schreibers Radspinne. Weib.

Auf Gebüschen ohnweit des Waßers in Dalmatien.

Bild a.u.b.

Vierfleckige Webespinne. Mann u. Weib.

An trocknen Orten unter herumliegenden Schiefer oder Kalksteinen, in gebirgigen Gegenden Frankens. Gewöhnlich in weise Säckchen eingesponnen.

Bild. c

Ankergefleckte Webespinne. Weib.

Aranea albomaculata, De Geer. De Villers.
Theridion maculatum, Walk.
——— albomaculatum, Hahns Arachniden. I. 4te.

In sandigen Gegenden an Anhöhen unter Steinen, in Deutschland, Frankreich und Schweden.

Bild d.

Viermalgezeichnete Webespinne. Weib.

In hiesiger Gegend, auch um Muggendorf, an sandigen Anhöhen unter Steinen, im Frühling und Herbste; nicht häufig.

Bild e.

Kugelleibige Webespinne. Weib.

In hohlen Bäumen unter dicken Baumaesten und vorspringenden Mauersteinen, oder an Gartengeländern in Europa.

Bild a.u.b.

Längliche Krabbenspinne. Mann u. Weib.

Deutschland, Frankreich, Dänemark u. s. w. In hiesiger Gegend an Ufern der Teiche und an andern feuchten Orten, auf Pflanzen, nicht sehr selten.

Bild. c

Rautenfleckige Krabbenspinne. Weib.

Vaterland das nemliche wie der vorhergehenden Art. In hiesiger Gegend im Frühling unter abgefallenem Laube u. s. w. nicht gemein.

Bild d.

Gekrönte Krabbenspinne. Weib.

Neapel.

Bild e.

Starke Krabbenspinne. Weib.

Italien, aus den Abruzzen.

Fasciculus octavus.

Argumentum.

Fig. a.

Epeïra sericea. Oliv.

Gallia meridionalis et Italia.

Fig. b.

Epeïra angulata. Fem. Walk.

In arboribus in hortis et sylvis fere in tota Europa.

Fig. c.

Epeïra Schreibersii. Fem. Hahn.

In Dalmatia, in fruticibus aquae vicinus.

Fig. a et b.

Theridion 4-guttatum. Mas et Fem. Hahn.

In locis aridis montosis Franconiae sub lapidibus. Plerumque in saculo albo inclusum.

Fig. c.

Theridion anchorum Fem. Hahn.

In Germania, Italia et Suecia in locis sabulosis sub lapidibus.

Fig. d.

Theridion 4-signatum. Hahn.

Prope Norimbergam et Muggendorfium in colliculis sabulosis sub lapidibus aestate et autumno, rarum.

Fig. e.

Theredion sysiphum. Fem. Walk.

In Europa in arboribus cavis, sub ramis confertis et lapidibus murorum, et in septis hortorum.

Fig. a. et b.

Thomisus oblongus. Mas et Fem. Müller.

In Germania, Gallia, Dania etc. Prope Norimbergam ad ripas piscinarum, et in aliis locis humidis in plantis, frequens.

Fig. c.

Thomisus rhomboicus. Fem. Walk.

Habitat cum praecedente. In nostra regione vere, sub foliis aridis non frequens.

Fig. d.

Thomisus diadema. Fem. Hahn.

Neapoli.

Fig. e.

Thomisus robustus. Fem. Hahn.

In Italia e montibus Abruzzi.

Bild a

Fohren - Hüpfspinne, Weib.

Deutschland, Schweden, u. s. w. Hier auf niederen Fohrenbäumen und Büschen, gemein.

Bild b.

Varietät der vorhergehenden Art.

Bild c.

Gelbfüssige Hüpfspinne, Weib.

Auf Hecken und Gebüschen hier nicht sehr selten.

Bild d.

Ufer - Hüpfspinne, Mann.

In hiesiger Gegend am Rande ausgetrockneter Teiche, nicht sehr selten.

Bild e.

Schnelle Hüpfspinne, Weib.

In Wäldern an alten Baumstöcken und an aufgeklaftertem Holze, hier, aber selten.

Fig a.

Salticus Pini, Fem. De Geer.

Germania, Suecia, etc. Prope Norimbergam in fruticetis et arboris pinis, frequens.

Fig. b.

Varietas praecedentis.

Fig. c.

Salticus flavipes, Fem, Hahn.

In dumetis et fruticetis, non raro.

Fig. d.

Salticus littoralis, Mas. Hahn.

In nostra regione ad ripas piscinarum ex aridarum, frequens.

Fig. e.

Salticus agilis, Fem, Hahn.

In sylvis in arborum truncis et in ligno, in hac regione, infrequens.

Die in dieser Lieferung gegebenen Abbildungen, sind theils nach Exemplaren meiner Sammlung, theils nach Originalzeichnungen des verstorbenen Dr. Hahns gefertiget.

Die Fortsetzung wird bald folgen und so intressant als möglich werden.

Ein kleiner Vorrath getrockneter Spinnen, den ich gegenwärtig wieder besitze, stehet Liebhabern für möglichst billige Preise zu Diensten. Briefe werden franco erbetten.

Auch meine übrigen naturhistorischen Verlagswerke, werden so schön wie dieses Spinnenwerk fortgesetzt, und ich empfehle solche hiemit bestens.

Nürnberg, im August, 1836.

Joh. Jak. Lechner,
Naturalien - u. Kunsthändler.

Icones, quas hoc fasciculo tradidimus partim secundum exemplaria thesauri mei partim secundum picturas, quae Dr. Hahnum defunctum ipsum autorem habent, sunt depictae.

Continuatio mox secutura et quam maxime excitatura est studium lectorum.

Parvus aranearum siccarum numerus, qui mihi est in praesenti, iis, qui studio illarum tenentur, offertur emendus, quam optime minimo pretio. — Epistolae et vecturae pretio saluto mittantur, petitur.

Nec non reliqua historiae naturalis opera mea impensis edita, non minus pulchre quam hoc aranearum opus, continuatur, quae nunc optime commendata esse volo.

Norimbergae, mense Augusto, 1836.

Ioan. Jac. Lechner,
artis operum et naturalium mercator.

Epeïra

a. *sericea*, *Oliv*. b. *angulata*, *Walk*. *Fem*. c. *Schreibersii*, *Hahn*. *Fem*.

VIII. 4.

Vorhergehende Seite/Previous page:

a – Argiope lobata (Pallas, 1772)
b – Araneus angulatus Clerck, 1757
c – Araneus circe (Audouin, 1827)

a, b – Titanoeca quadriguttata (Hahn, 1833), ♂/♀
c – Steatoda albomaculata (Degeer, 1778)
d – Steatoda phalerata (Panzer, 1801), ♂
e – Achaearanea lunata (Clerck, 1757)

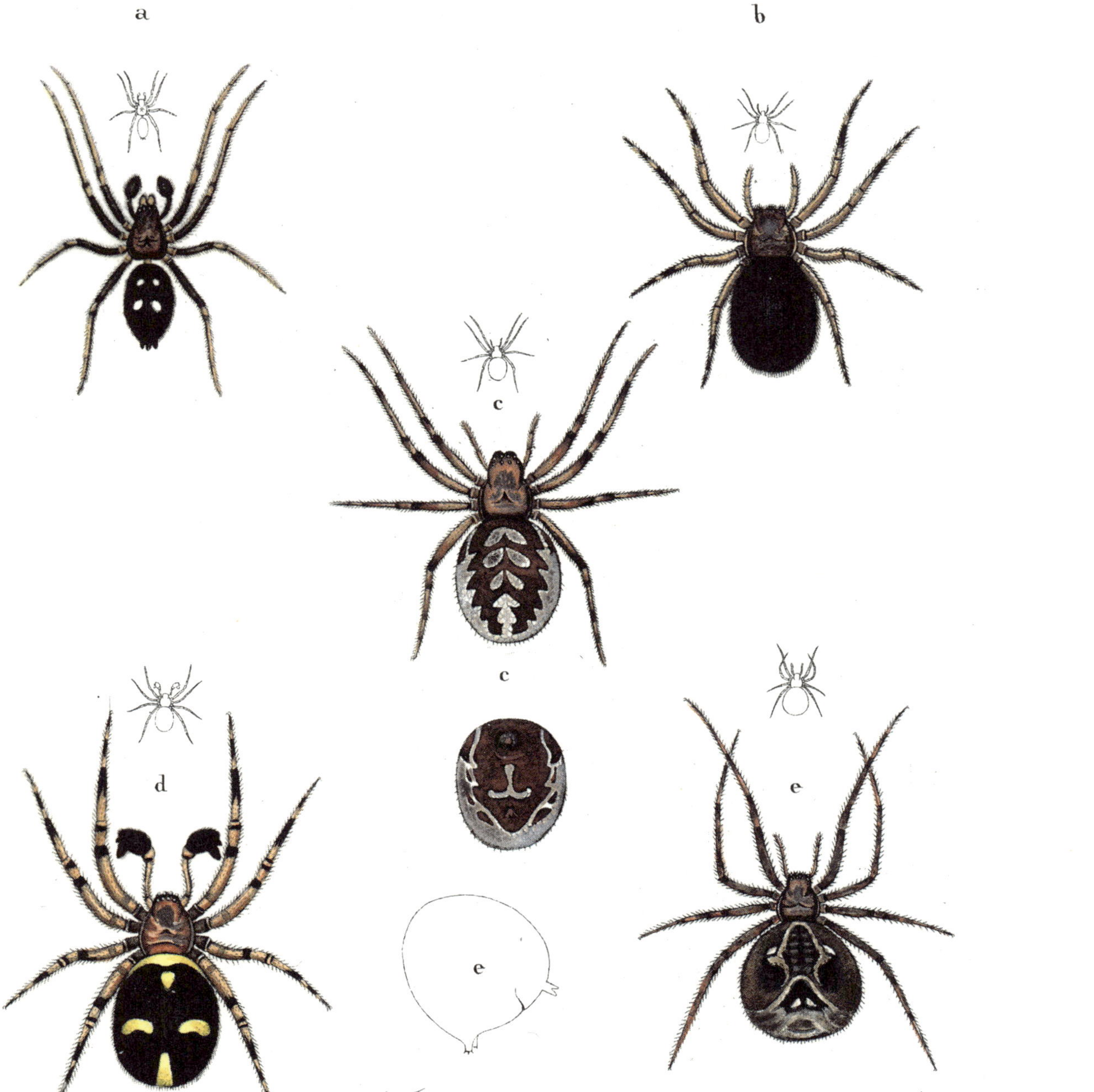

Theridion

a.b. *4-guttatum*. *Hahn*. *Mas. et Fem*. c. *anchorum*. *Hahn*. *Fem*. d. *4-signatum*. *Hahn*. *Mas*
e. *sysiphum*. *Walk*. *Fem*.

VIII.2.

Tafel 30

a, b – Tibellus oblongus (Walckenaer, 1802), ♂/♀
c – Thanatus formicinus (Clerck, 1757)
d – Thomisus onustus Walckenaer, 1806
e – Xysticus robustus (Hahn, 1832)

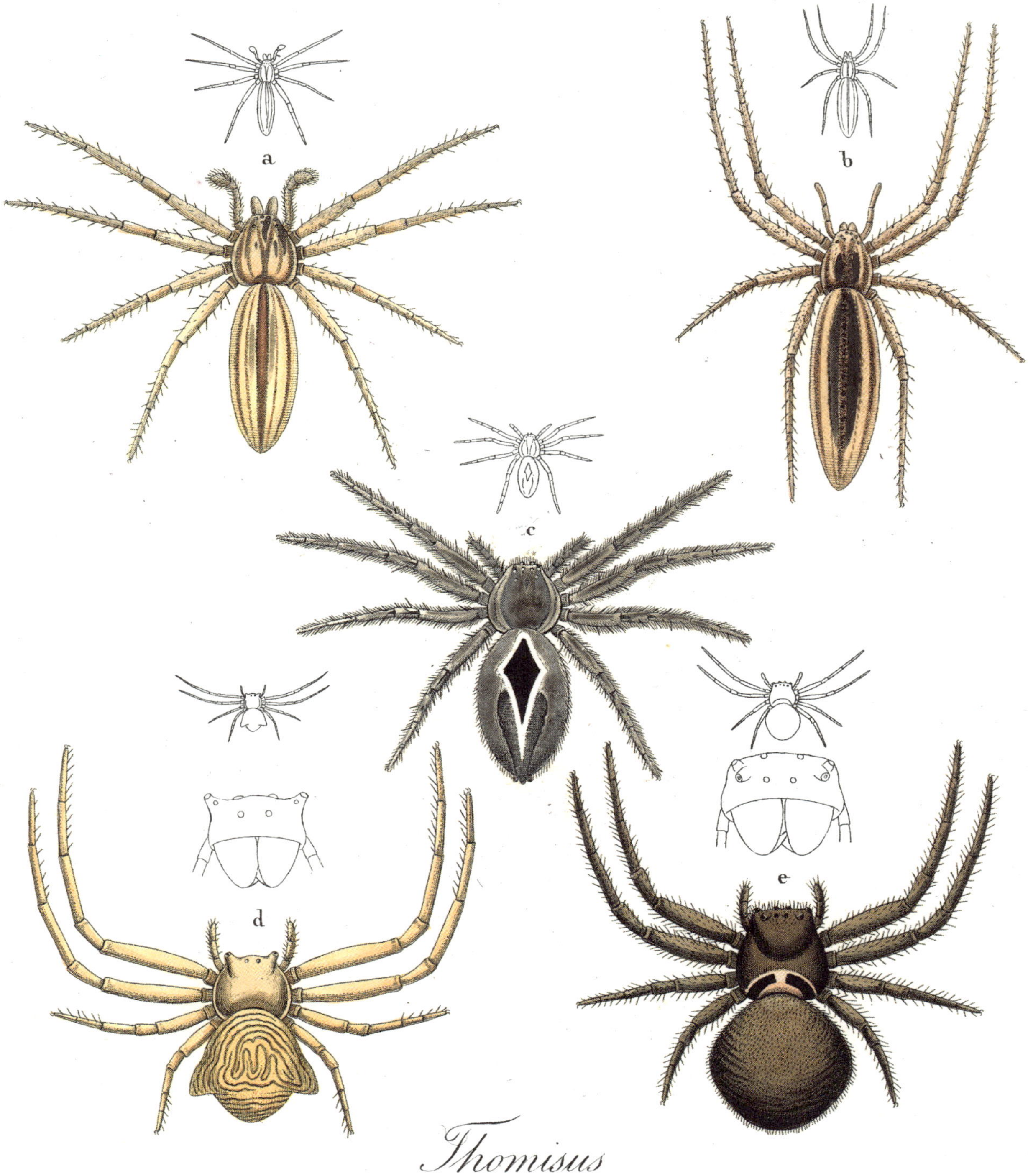

Thomisus

a et b. *oblongus*, *Müller*, *Mas. et Fem.* c. *rhomboicus*, *Walk.* *Fem.* d. *diadema*, *Hahn.* *Fem.*
e. *robustus*. *Hahn*. *Fem.*

Tafel 31

a, b – *Dendryphantes hastatus* (Clerck, 1757)
c – *Heliophanus flavipes* (Hahn, 1832)
d – *Pseudeuophrys calida* (Walckenaer, 1802)
e – *Sitticus floricola* (C. L. Koch, 1837), ♂

Salticus

a. *Pini, De Geer. Fem.* b. *Pini, Variet.* c. *flavipes, Hahn.* d. *agilis, Hahn. Fem.*
e. *littoralis, Hahn. Mas.*

Tafel 32

Kommentar

Commentary

Vorbemerkungen zum Kommentarteil

Als ich die „Monographie der Spinnen" vor Jahren zum ersten Mal zu Gesicht bekam, zeichnete sich nicht einmal andeutungsweise ab, wie viele Stunden intensiver Beschäftigung ich mit ihr noch zubringen sollte. Damals erschien sie mir – so jedenfalls war mein erster Eindruck – als ein wissenschaftlich wohl nicht sehr ergiebiges und vielleicht sogar eher kurioses Werk mit zweifellos aber recht hübschen handkolorierten Spinnendarstellungen. Diese Einschätzung erwies sich jedoch in mancherlei Hinsicht als unzulänglich, weil sie spontan und ohne wirkliche Prüfung zustande gekommen war. Später studierte ich das für den vorliegenden Reprint verwendete Exemplar eingehender und erlebte gleich mehrere Überraschungen: Zum einen wurde sehr bald deutlich, daß das Werk eine regelrecht spannende Entstehungsgeschichte und im Detail nicht wenige Varianten aufweist. Zum anderen zeigte sich, daß mancher Fakt der Aufmerksamkeit der Arachnologen entgangen oder bisher falsch interpretiert worden ist. Nicht einmal über das Erscheinungsjahr der einzelnen Lieferungen bestand annähernd Klarheit! Aber auch die menschliche Seite, die Biographie HAHNs, erwies sich als erstaunlich unzureichend untersucht, existieren doch in der Literatur nur sehr lückenhafte Angaben zu seiner Person.

Es schien mir deshalb sinnvoll, ja notwendig zu sein, all diesen offenen Fragen nachzugehen. Dies erfolgte mit dem Ziel, die zu Unrecht so wenig beachtete, fast vergessene „Monographie der Spinnen" der Wissenschaft und einem breiten Interessentenkreis ins Bewußtsein zurückzurufen und in einer aktualisierten Form wieder zugänglich zu machen.

Dieses Anliegen hätte ohne die Mitarbeit und Hilfe zahlreicher Institutionen nicht verwirklicht werden können. Mein herzlicher Dank gilt daher
der Deutschen Staatsbibliothek Berlin, den Universitätsbibliotheken Berlin, Erlangen-Nürnberg, Halle, Jena, Kiel und München, der Hessischen Landes- und Hochschulbibliothek Darmstadt, Bibliothek und Archiv der Deutschen Akademie der Naturforscher Leopoldina in Halle, dem Department of Library Services des British Museums (Natural History) und dem Information Service of The British Library London, der Bibliothek des Predigerseminars Wittenberg, der Stadt- und Kreisbibliothek Wittenberg, dem Botanischen Garten und der

Preface to the Commentary

Years ago when I first set eyes on the "Monograph on Spiders", I did not have the slightest inkling of how many hours of intensive work I was to spend on it in the future. At that time my first impression was of a rather eccentric work of little scientific value, which nevertheless contained very attractive handcoloured illustrations of spiders. However this evaluation proved to be inadequate in many respects, because it had come about spontaneously without really examining the work. Later I studied the copy used for this reprint in greater detail and at once found a number of surprising facts. On the one hand it very soon became clear that the work had a very exciting history of origin and showed a number of fine differences from one instalment to another. On the other it was apparent that a good many facts had escaped the attention of arachnologists, or had previously been falsely interpreted. Even the publication dates of the single instalments were disputed! Amazingly enough HAHN's biography itself also proved to have been inadequately researched: only very sketchy details exist about him in secondary literature.

It therefore seemed useful, indeed necessary, to investigate all these unanswered questions. This I did, with the aim of reintroducing the unjustly ignored and nearly forgotten "Monograph on Spiders" to science and to a wide readership, and of making it available again in a modern form.

This aim could not have been realised without the cooperation and help of countless institutions. I would therefore like to thank
the German National Library Berlin, the University Libraries of Berlin, Erlangen–Nuremberg, Halle, Jena, Kiel and Munich, the Hesse State and College Library Darmstadt, the Library and Archives of the German Academy of Natural Scientists Leopoldina in Halle, the Department of Library Services of the British Museum (Natural History) and the Information Service of The British Library London, the Seminary Library in Wittenberg, the Town and District Library Wittenberg, the Botanical Gardens and the State Botanical Collection

Botanischen Staatssammlung München, dem Staatsarchiv München, dem Bayerischen Hauptstaatsarchiv, den Stadtarchiven von Nürnberg, Fürth und München und dem Zentralantiquariat der DDR – Reprintabteilung.

Wertvolle Hinweise und Unterstützung erhielt ich auch von zahlreichen Einzelpersonen. Dafür möchte ich besonders den Damen und Herren
Dr. Barbara Baehr (München), Karin Berst (Darmstadt), Ann Datta (London), Sophie-Charlotte Fischer (Berlin), Gerlinde Frank (Erlangen), Irene Friedl (München), Dr. Ursula Göllner (Berlin), Dr. Ute Grimm (Bad Vilbel), Gisela Gülzow (Jena), Sabine Knüttel (München), Erika Rother (Berlin), Käthe Schmiedecke (Berlin), Dr. Annelies Schreiber (München), Dr. Ursula Winter (Berlin) und Dr. Annette Zimmermann (Bochum)
sowie
Kurt Arnold (Geyer/Erzgeb.), Ludwig Baege (Erfurt), Dr. Harald Becker (Zirndorf), Dr. Wieland Berg (Halle/S.), Dr. Andreas Buhl (Halle/S.), Dr. Manfred Graßhoff (Frankfurt/M.), Dr. Jürgen Gruber (Wien), Archivoberrat Hans-Joachim Hecker (München), Wolfgang Heese†, Andreas Jakob (Erlangen), Prof. Dr. Herbert W. Levi (Cambridge/Mass.), Dr. Klaus Liedel (Halle/S.), Dr. Gottfried Mauersberger (Berlin), Dr. Manfred Moritz (Berlin), Dr. Joachim Neumann (Kiel), Dr. Joachim Oehlke (Eberswalde), John R. Parker (Keswick, Cumbria), Archivdirektor Dr. Hans Puchta (München), Archivdirektor Dr. Helmut Richter (Fürth), Doz. Dr. Konrad Thaler (Innsbruck), Jochen Thamm (Halle/S.), Reinhard Thielsch (Fürth), Dr. Gerhard Train (Berlin), Dr. Martin Treu (Wittenberg Lutherstadt), Helmut Vogt (Jena), Pfarrer Weniger (Mühlhausen/Oberfranken) und Archivoberrat Hans Eberhard Zorn (München) danken.

Ursprünglich hielt ich es für möglich und anstrebenswert, diesen Reprint auf ein einziges Exemplar des HAHNschen Werkes zu beziehen. Ein solches Vorgehen erwies sich jedoch als undurchführbar. Bei der Analyse der mir erreichbaren Exemplare verstärkte sich mein Eindruck, daß es **das** Exemplar der zu den Rarissima der arachnologischen Literatur gehörenden Monographie wahrscheinlich überhaupt nicht (mehr) gibt. Auch das hier vorwiegend zugrunde gelegte und bis auf die Umschlagblätter vollständige Exemplar des Verfassers („Wittenberger Exemplar") wies eine Besonderheit auf: Abweichend vom Normalfall ist der Text zur 2. Lieferung nur in deutsch abgefaßt (s. Abb. 9) und erstreckt sich über **drei** Seiten. Deshalb wurde für den vorliegenden Reprint auf die den Regelfall darstellende zweisprachige und nur zwei Seiten Text umfassende 2. Lieferung des Exemplars der Universitätsbibliothek Erlangen-Nürnberg zurückgegriffen.

Munich, the National Archives in Munich, the Central Archives of Bavaria, the Town Archives of Nuremberg, Fürth, and Munich and the Central Antiquarian Book Company of the G. D. R. - Reprint Department.

I also received valuable advice and support from numerous individuals. I would especially like to thank
Dr. Barbara Baehr (Munich), Karin Berst (Darmstadt), Ann Datta (London), Sophie-Charlotte Fischer (Berlin), Gerlinde Frank (Erlangen), Irene Friedl (Munich), Dr. Ursula Göllner (Berlin), Dr. Ute Grimm (Bad Vilbel), Gisela Gülzow (Jena), Sabine Knüttel (Munich), Erika Rother (Berlin), Käthe Schmiedecke (Berlin), Dr. Annelies Schreiber (Munich), Dr. Ursula Winter (Berlin) and Dr. Annette Zimmermann (Bochum)
as well as
Kurt Arnold (Geyer/Erzgebirge), Ludwig Baege (Erfurt), Dr. Harald Becker (Zirndorf), Dr. Wieland Berg (Halle/S.), Dr. Andreas Buhl (Halle/S.), Dr. Manfred Graßhoff (Frankfurt/M.), Dr. Jürgen Gruber (Vienna), Chief Archive Advisor Hans-Joachim Hecker (Munich), Wolfgang Heese†, Andreas Jakob (Erlangen), Prof. Dr. Herbert W. Levi (Cambridge/Mass.), Dr. Klaus Liedel (Halle/S.), Dr. Gottfried Mauersberger (Berlin), Dr. Manfred Moritz (Berlin), Dr. Joachim Neumann (Kiel), Dr. Joachim Oehlke (Eberswalde), John R. Parker (Keswick, Cumbria), Head of Archives Dr. Hans Puchta (Munich), Head of Archives Dr. Helmut Richter (Fürth), Dr. Konrad Thaler (Innsbruck), Jochen Thamm (Halle/S.), Reinhard Thielsch (Fürth), Dr. Gerhard Train (Berlin), Dr. Martin Treu (Wittenberg Lutherstadt), Helmut Vogt (Jena), Father Weniger (Mühlhausen/Oberfranken) and Chief Archive Advisor Hans Eberhard Zorn (Munich).

Originally I thought it was possible and a reasonable aim to use a single copy of HAHN's work for this reprint. However this proved to be impracticable. Analysing the copies available to me reinforced my impression that **the** definitive copy of this rare arachnological work probably did not exist, although it could have done in the past. Even my own copy ("Wittenberg Copy"), which was used as a basis for this work and is complete apart from the dust jacket, has an unusual feature; it differs from the norm in that the text of the second instalment is only printed in German (see fig. 9) and extends over **three** pages. For this reason we used the second instalment of the copy from the Erlangen-Nuremberg University Library, which has the more usual version in two languages, and only takes up two pages.

Die folgende Übersicht vermittelt einen Eindruck davon, wie unterschiedlich die bisher nachgewiesenen 13 Exemplare sind. Zu den angegebenen Standorten ist zu ergänzen:

1 – Exemplar des Verfassers
2 – Universitätsbibliothek Berlin: Zweigstelle im Zoologischen Museum
3 – Universitätsbibliothek Jena
4 – Hessische Landes- und Hochschulbibliothek Darmstadt
5 – Universitätsbibliothek Erlangen-Nürnberg
6 – Universitätsbibliothek Kiel
7 – Universitätsbibliothek München
8/9 – Senckenberg-Museum Frankfurt/M.: Zentralbibliothek bzw. Arachnologische Sektion
10 – Naturhistorisches Museum Wien
11 – British Museum (Natural History) London
12 – The British Library London
13 – Museum of Comparative Zoology Cambridge/Mass.

The following table gives an impression of how different the thirteen known copies are from each other. To the locations should be added:

1 The author's copy
2 Berlin University Library: Zoological Museum Section
3 Jena University Library
4 The Hesse State and College Library Darmstadt
5 Erlangen-Nuremberg University Library
6 Kiel University Library
7 Munich University Library
8/9 Senckenberg Museum Frankfurt am Main: Central Library, Arachnological Section
10 Natural History Museum Vienna
11 British Museum (Natural History) London
12 The British Library London
13 Museum of Comparative Zoology Cambridge/Mass.

Ex. Standort	Welche Lfg. vorhanden?	Umschlagblätter	Lfg. 2 Vorwort	Lfg. 2 zweispaltiger Text	„Nachricht" Lfg.6
Location	Instalments in existence	Dust Jacket	2nd inst. Foreword	2nd inst. Double columned text	"Message" 6th inst.
1 Wittenberg	1–8	–	+	–	+
2 Berlin	1–3	+	–	+	⁒
3 Jena	4	+	⁒	⁒	⁒
4 Darmstadt	1	⁒	⁒	⁒	⁒
5 Erlangen	1–8	+	–	+	–
6 Kiel	1–2	(+)*	+	–	⁒
7 München/Munich	1–8	+	–	+	+
8 Frankfurt/M.	1–8	–	–	+	+
9 Frankfurt/M.	3–6	(+)*	–	+	+
10 Wien/Vienna	1–8	–	–	+	–
11 London	1–8	+	–	+	+
12 London	1–8	+	–	+	+
13 Cambridge/Mass.	1–5	–	–	+	⁒

* Die Klammerangabe bedeutet, daß die vorhandenen Lieferungen nur z.T. ein Umschlagblatt aufweisen.

* The brackets indicate that not all of the existing instalments have a dust jacket.

Nach Abschluß dieser Recherchen erhielt ich Kenntnis von einem 14. Exemplar, das sich im Besitz der Bibliothèque Nationale Paris befindet. An allen Hinweisen dieser Art bin ich auch weiterhin sehr interessiert.

Daß der vorliegende Kommentar nicht alle Daten und Fakten berücksichtigen kann, die zum Werk und vor allem zur Biographie Carl Wilhelm HAHNs ermittelt werden konnten, sei abschließend ausdrücklich betont. Trotz der persönlichen Freude über jedes im Laufe der Zeit neu hinzugekommene Detail erschien es notwendig, die Darlegungen auf wirklich Wesentliches zu beschränken.

Wittenberg Lutherstadt,
im Februar 1987

Dr. Peter Sacher

After terminating my investigations I received information on a fourteenth copy located in the Bibliothèque Nationale Paris. I would take a great interest in further information about existent copies.

Finally I would particularly like to stress that not all the dates and facts I discovered about Carl Wilhelm HAHN's work, and above all about his biography, can be included in this commentary. In spite of my personal joy at each new detail I came across, it seemed necessary to limit my explanations to the bare essentials.

Wittenberg Lutherstadt,
February 1987

Dr. Peter Sacher

Die HAHNschen Benennungen und ihre Deutung

Selbst der versierte Spinnenkundler wird bei Betrachtung der Abbildungen oftmals nicht wissen, welche Art er vor sich hat. Erschwerend kommt hinzu, daß der Textteil keine Beschreibungen der dargestellten Spinnen beinhaltet und die von HAHN verwendeten Gattungs- und Artbezeichnungen im Verlauf der vergangenen 1½ Jahrhunderte nicht selten einem erheblichen Wandel unterworfen waren. Ihre Deutung ist deshalb nicht immer leicht, in einigen Fällen recht vage oder sogar unmöglich.

Bezüglich der den Tafeln des Reprints beigegebenen aktualisierten Namen habe ich mich, was die Deutung angeht, nach BONNET [1] gerichtet, in jedem Fall aber auch den Katalog von ROEWER [2] zu Rate gezogen. In der Regel stimmen beide Autoren überein, gelegentlich hält jener aber im Unterschied zu BONNET die HAHNsche Benennung für „nicht zu deuten", was durch * gekennzeichnet ist, oder erwähnt sie überhaupt nicht. In den wenigen Fällen, wo ROEWER eine abweichende Artzuordnung vornimmt, sind beide Deutungen angegeben worden. Auf die Diskussion dieser Ausnahmen wird hier bewußt verzichtet, da sie nicht Gegenstand des vorliegenden Kommentars sein kann (vgl. auch S.136).

Ebenso war eine kleinliche Fehlersuche nicht Ziel der vorgenommenen Untersuchungen, obwohl im Original nicht wenige Ungereimtheiten in der Schreibweise sowie offenkundige Druckfehler feststellbar sind. Um keine Verwirrung zu stiften, muß jedoch auf einige größere Irrtümer hingewiesen werden:

- In Tafel 12 (S.53) sind die Abbildungsunterschriften vertauscht. Richtig müßte es im Original heißen: A *Epeira sexspinosa*, B *Epeira furcata*. Dieser Fehler wiederholt sich im Text auf S.46; auch dort wurden die Arten vertauscht – vgl. Diskussion bei LEVI [3].
- Tafel 24 (S.85) bringt die vier abgebildeten Spinnen in der richtigen Reihenfolge, dagegen sind A und B im Text auf S.77 vertauscht worden.
- Im Text auf S.98 stimmt die Reihenfolge nicht, richtig wäre: d *Salticus agilis*, e *Salticus littoralis* (vgl. Tafel 32, S.105).

Als nomenklatorische Grundlage diente zumeist die "Check list of British Spiders" [4], im Einzelfall bezog ich mich auch auf LEVI [3], NIKOLIĆ & POLENEC [5] sowie auf STARĘGA [6].

HAHN's Designations and their Interpretation

Looking at the illustrations even the well versed expert on spiders could be forgiven for not knowing which species are represented. To make matters worse the text does not contain any descriptions of the spiders illustrated, and the genus and species designations used by HAHN have often undergone considerable changes during the last 150 years. Interpreting them is therefore not always easy, and in some cases uncertain or even impossible.

With regard to the modern names added to the tables of the reprint I have referred to BONNET [1] for the interpretation, but have also, in each case, consulted ROEWER's [2] catalogue. As a rule both authors were in agreement, but sometimes the latter, unlike BONNET, kept HAHN's designation for "impossible to classify", marked with*, or does not mention it at all. In the cases when ROEWER uses a divergent species classification, both interpretations are given. It was a conscious decision not to discuss these exceptions here, as they cannot be a subject of this commentary (cf. p.136).

Equally the aim of my investigations was not a petty search for mistakes, although in the original quite a number of inconsistencies in style, as well as obvious printing errors, are to be found. To avoid confusion, however, some of the more serious errors should be pointed out:

- In table 12 (p.53) the captions accompanying the illustrations have been interchanged. The correct version should read: A *Epeira sexspinosa*, B *Epeira furcata*. This mistake is repeated in the text on p. 46, again the species have been interchanged– cf. the discussion in LEVI [3].
- In table 24 (p.85) the four spiders illustrated are given in the right order, but in the text on p.77 A and B have been interchanged.
- In the text on p.98 the correct order should read: d *Salticus agilis*, e *Salticus littoralis* (cf. table 32, p.105).

I mostly used the "Check list of British Spiders" [4] as a basis for nomenclature and in individual cases referred to LEVI [3], NIKOLIĆ and POLENEC [5] and STARĘGA [6].

Dr. Carl Wilhelm HAHN – Versuch einer Biographie

C.W. HAHN, der Verfasser der vorliegenden „Monographie der Spinnen", war ein sehr vielseitiger Naturforscher. Für die damalige Zeit ist das durchaus nicht ungewöhnlich – ungewöhnlich ist eher, daß er heute nahezu vergessen scheint. Aus der Literatur war über ihn jedenfalls kaum etwas zu erfahren: Der „Deutsche Biographische Index" [7] verweist auf HAMBERGER/MEUSEL [8], doch sind dort nur wenige Angaben enthalten. Die Kurzbiographien bei GEBHARDT [9] bzw. BONNET [1] geben zwar einige Anhaltspunkte, sagen letztlich aber recht wenig über Leben und Werdegang aus. Zudem erwies sich bald, daß die bisher publizierten spärlichen Lebensdaten noch nicht einmal in allen Fällen richtig ermittelt worden sind.

Nachfolgend soll versucht werden, die Ergebnisse der eigenen Nachforschungen zu einem Bild zu fügen und HAHNs Lebensweg wenigstens teilweise zu erhellen. Sein mehrmaliger Wohnortwechsel erwies sich dabei als ausgesprochener Glücksumstand – ohne die auch seinerzeit schon erforderlichen umfangreichen Formalitäten, über die die Akten der Stadtarchive Nürnberg, Fürth und München Auskunft geben, wüßten wir über Carl Wilhelm HAHN so gut wie nichts. Mit Hilfe der jetzt vorliegenden Unterlagen war es immerhin möglich, manchen im Zusammenhang mit der „Monographie der Spinnen" anfangs unverständlichen Einzelfakt zu deuten.

Carl Wilhelm Christian HAHN wurde am 16.12.1786 in Weingartsgreuth/Oberfranken geboren [10]. Sein Vater Johann Michael HAHN (1734–1824), aus „Warberg in Hungarn"* gebürtig [11], war Hof- und Schloßgärtner auf der Herrschaft des Freiherrn von VECKENDORFF.
Die Mutter Eleonora Heinrika Christiane HAHN, geb. WAECHTER, stammte aus Fischbach b. Kulmbach/Oberfranken [11]. Zwei jüngere Brüder, Johann Carl Mathaeus (geb. 1788) und Carl Mathäus (geb. 1789), verstarben früh [12]. Das Wohnhaus der Familie befand sich im Weingartsgreuther Schloßhof, es wurde 1826 abgerissen [13].
In dem erhalten gebliebenen, jedoch nie veröffentlichten Lebenslauf von 1819 [14] erwähnt HAHN aus seiner frühen Jugend lediglich, daß er das Gymnasium in Erlangen besucht hat (ohne Jahresangabe). Auch der 1806 oder 1807 erfolgte Umzug seiner Eltern nach Fürth** findet keine Erwähnung. Dort war sein Vater im heutigen Vorort Burgfarrnbach bei Graf Friedrich von PÜCKLER als Schloßgärtner angestellt [15]. Zwei Briefe

* gemeint ist sehr wahrscheinlich Wartberg, das heutige Senec (nordöstlich von Bratislava/ČSSR)

** Ab 1807 läßt sich für Weingartsgreuth ein anderer Schloßgärtner nachweisen [13]

Dr. Carl Wilhelm HAHN – an Attempt at a Biography

C.W. HAHN, the author of the "Monograph on Spiders" was an all-round natural scientist. This was not at all unusual for his time – what is surprising is that today he seems to have been almost forgotten. At any rate it was difficult to find much written about him: the "German Biographical Index" [7] refers to HAMBERGER/MEUSEL [8], but that only contains a few details. The short biographies in GEBHARDT [9] and BONNET [1] do give a few points of reference, but all in all say very little about his life and career. Moreover, it soon became clear that even the few biographical dates which have been published are not always correct.

In the following I will try to bring together the results of my investigations and throw at least some light onto HAHN's biography. My task was made much easier by the fact that HAHN had lived in a number of towns. We would have known next to nothing about Carl Wilhelm HAHN had it not been for the extensive procedure, necessary even in those days, which was documented in the Archives of Nuremberg, Fürth and Munich. With the help of these documents it was at any rate possible to understand many details concerning the "Monograph on Spiders", which had previously seemed incomprehensible.

Carl Wilhelm Christian HAHN was born 16th December 1786 in Weingartsgreuth, Upper Franconia [10]. His father Johann Michael HAHN (1734–1824), court and palace gardener on the estate of Baron von VECKENDORFF, was born in "Warberg in Hungarn"* and his mother, Eleonora Heinrika Christiane HAHN, née WAECHTER, came from Fischbach at Kulmbach, Upper Franconia [11]. His two younger brothers, Johann Carl Mathaeus (born in 1788) and Carl Mathäus (born in 1789), died at an early age [12]. The family's house in the courtyard of Weingartsgreuth palace was demolished in 1826 [13].
In his unpublished curriculum vitae of 1819 [14] HAHN only mentions that he had attended the Grammar School in Erlangen (without dates); and his parent's move to Fürth**, which ensued in 1806 or 1807, is not mentioned at all. His father was employed there as palace gardener for Count Friedrich von PÜCKLER in what is today the suburb of Burgfarrnbach [15]. Two let-

* Most probably Wartberg is meant, which is today called Senec and lies north-east of Bratislava, Czechoslovakia.

** From 1807 there was documentary evidence to show that there was another palace gardener at Weingartsgreuth [13]

aus dieser Zeit sind von besonderem Interesse, geben sie doch mehr als nur Aufschluß über HAHNs Militärdienst. Aus dem ersten, von Graf PÜCKLER 1805 an den Oberst des Infanterieregiments Erbach von HENNEBERG gerichtet, werden Wesenszüge und Eigenheiten HAHNs deutlich, die als zeitgenössiges Urteil eine Wiedergabe verdienen: „Dieser Mensch ist zwar äußerst leichtsinnig, hat aber übrigens Höflichkeit, zeichnet überaus gut, schreibt eine schöne Hand, hat in der Naturgeschichte, in der Botanik und im Ausbalgen der Vögel sehr viele Kenntnisse und Geschicklichkeit. Wegen seines Leichtsinns bedarf er aber einer strengen Aufsicht. Seine übrigen Talente und Fähigkeiten machen ihn einiger Rücksicht würdig." [16]. Das Schreiben entstand im Zusammenhang mit einer Strafversetzung HAHNs, nachdem er offenbar mehrere Streiche begangen hatte.

Der zweite Brief, von HAHN 1807 an Graf PÜCKLER gerichtet, unterstreicht die Bemerkung über die schöne Handschrift (Abb. 1). Er ist gesiegelt (Abb. 2) und beinhaltet Klagen über den geringen Sold, der ihm eine zufriedenstellende Beköstigung unmöglich mache. HAHN weist ausdrücklich auf die Gefahr hin, unter solch mißlichen Umständen wieder erkranken oder sich „gar den Todt" holen zu können [16]. Daß es mit seiner Gesundheit in der Tat nicht zum besten stand, ist auch aus weiteren Unterlagen des PÜCKLER-Archivs ersichtlich [17]. Nach längerer Beurlaubung erwirkt Graf Friedrich von PÜCKLER deshalb 1808 sogar HAHNs Entlassung aus dem Militärdienst.

ters from this time are especially interesting, because they give more than just bare facts about HAHN's military service. The first is written by Count PÜCKLER in 1805 to the colonel of the infantry regiment, Erbach von HENNEBERG, and describes some of HAHN's traits and idiosyncrasies. The following extract is worth quoting here as an example of a contemporary opinion of him: "This person is indeed extremely foolish, but is incidentally polite, draws exceedingly well, has a beautiful hand, has much knowledge of natural history and botany, and is skilled in stuffing birds. However because of his foolishness he requires strict supervision. His other talents and capabilities make him worthy of some consideration" [16]. The letter was written in connection with a disciplinary transfer, which arose as a result of HAHN having played several pranks.

The second letter, written by HAHN in 1807 to Count PÜCKLER, confirms the remark about the beautiful handwriting (fig. 1). It is sealed (fig. 2) and contains complaints about his low wages, which made it impossible for him to eat satisfactorily. HAHN expressly points out the danger that under such unfortunate circumstances he could again fall ill or even "catch his death" [16]. That he was indeed not in the best of health can also be seen from other documents in the PÜCKLER archives [17]. Thus after a lengthy leave of absence HAHN's release from military service was actually obtained by Count Friedrich PÜCKLER in 1808.

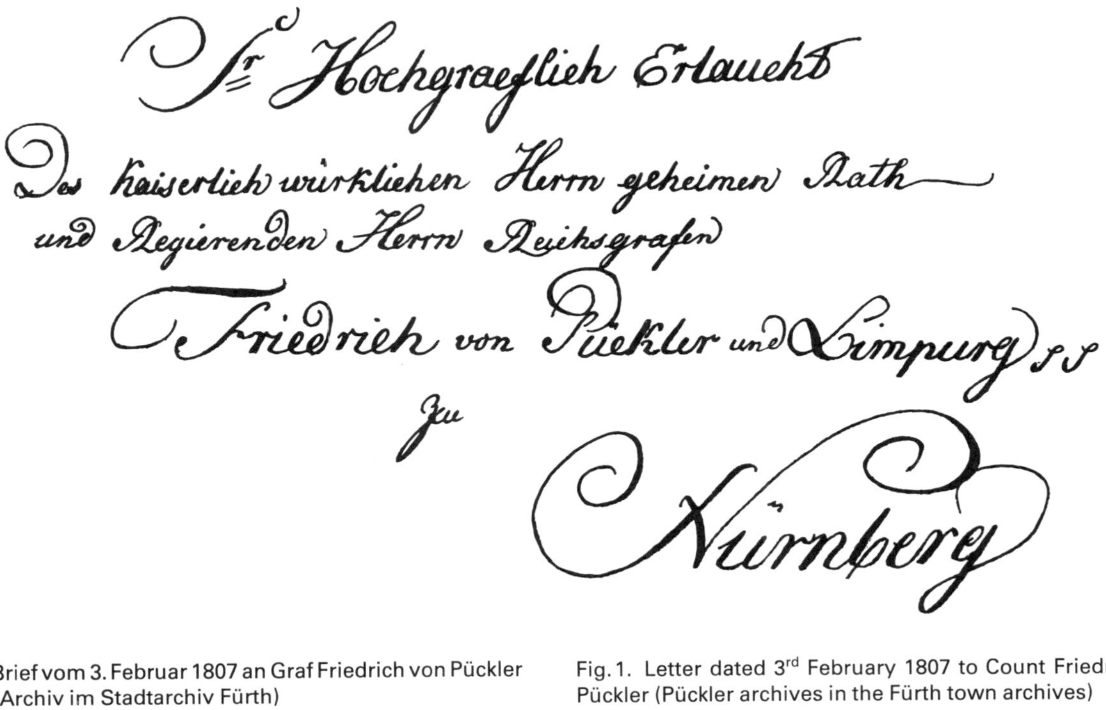
Sr Hochgraeflich Erlaucht
Des kaiserlich wirklichen Herrn geheimen Rath
und Regierenden Herrn Reichsgrafen
Friedrich von Pückler und Limpurg etc
zu
Nürnberg

Abb. 1. Brief vom 3. Februar 1807 an Graf Friedrich von Pückler (Pückler-Archiv im Stadtarchiv Fürth)

Fig. 1. Letter dated 3rd February 1807 to Count Friedrich von Pückler (Pückler archives in the Fürth town archives)

Abb. 2. C. W. Hahns Briefsiegel von 1807 (Aufn. R. Thielsch, Fürth)

Fig. 2. C. W. Hahn's seal from 1807 (photo: R. Thielsch, Fürth)

Ebenso wie die Gymnasialzeit ist bisher auch die Studienzeit an der Universität Erlangen zeitlich nicht genau zu belegen. HAHN schreibt in dem erwähnten Lebenslauf von 1819 lediglich, daß er dort für 2½ Jahre studiert habe. Er gibt an, sich dem Kameralfach gewidmet zu haben. Dann will er neun (!) Jahre in verschiedenen Ämtern und Landgemeinden des Main- und Legaukreises im Steuerwesen tätig gewesen sein. Bereits 1813 folgte HAHN aber dem allgemeinen Waffenaufruf. Er diente als Fourier und erhielt 1816 den „ehrenvollen Abschied" [14]. Anschließend lebte er bei seinen Eltern in Fürth, wobei die Wohnungsangabe „im Grislersgarten" nicht sicher zu deuten ist [17].
In dieser Zeit reifte nach HAHNs Angaben auch der Entschluß, die seit seiner frühesten Jugend vorhandene und während des Studiums in Erlangen weiter vertiefte Vorliebe für die Naturkunde zu seinem Lebensinhalt zu machen. Er nimmt die Arbeit am ersten großen ornithologischen Werk „Voegel aus Asien, Africa, America und Neuholland" (s. Bibliographie) auf, von dem bis 1819 fünf Lieferungen erscheinen. Als „die oftmals versprochene und wohlverdiente Anstellung" [14] ausbleibt, wagt HAHN den seinerzeit in diesem Fachgebiet recht ungewöhnlichen Schritt in die Selbständigkeit. Seitdem nennt er sich Naturhistoriker und gelegentlich auch Privatgelehrter.

Inzwischen zum Dr. phil. an der Universität Erlangen promoviert [18], bemüht er sich 1819 um die Übersiedlung von Fürth ins benachbarte Nürnberg. Anlaß für den angestrebten Ortswechsel waren die günstigen Voraussetzungen, die Nürnberg für HAHNs ehrgeizige Publikationsvorhaben aufwies. So führt er in seinem Niederlassungsgesuch [14] als Beweggründe für den Weggang von Fürth u.a. an, dort würden Illuministen fehlen, auch sei keine Steindruckpresse vorhanden.

Up to now the dates of HAHN's student days at Erlangen University have been just as difficult to verify as his time at Grammar School. In the above mentioned curriculum vitae of 1819 HAHN merely writes that he had studied there for 2½ years and states that he had devoted himself to finance. He was then willing to work as a tax official for 9 (!) years for various authorities and rural communities in the district of Main and Legau. However HAHN obeyed the general call to arms as early as 1813. He served as a quarter master and in 1816 received "honourable discharge" [14]. Afterwards he lived with his parents in Fürth, although the address "in the Grislersgarten" cannot be reliably deciphered [17].
At this time, according to HAHN, he made up his mind to devote his life to his prediliction for natural history, an interest he had had since early childhood and which intensified during his studies in Erlangen. He commenced work on his first ornithological work "Birds from Asia, Africa, America and New Holland" (see bibliography) of which five instalments appeared up to 1819. When his "often promised and well earned position" [14] failed to materialize, HAHN undertook what was for that time, in his field, a very unusual step and went freelance. From then on he called himself a natural historian and occasionally also a scholar.

In 1819, having in the meantime qualified as a D. Phil at the University of Erlangen [18], he made preparations to move from Fürth to neighbouring Nuremberg. The move was occasioned by the favourable conditions Nuremberg had to offer for HAHN's ambitious publication plans. In his residence application [14] HAHN cited the lack of illustrators and the absence of a lithography press in Fürth as two of the reasons why he wanted to leave.

HAHNs Niederlassung in Nürnberg erfolgt noch im selben Jahr; die offizielle Bestätigung als Bürger erhält er allerdings erst am 2. 5. 1820 [19]. Aus den recht umfangreichen Akten zu diesem Vorgang erfahren wir auch aufschlußreiche Details über seine Vermögensverhältnisse: Zur Unterstützung seines literarischen Unternehmens erhielt er 1818 von seinen Eltern 3000 Gulden, die – so die Mutter 1819 – „in den vorräthigen Exemplaren seines Werkes und in ausstehenden Posten enthalten" sind [20]. Daß HAHN in jenen Jahren des Suchens als Persönlichkeit merklich gereift ist, belegt der Vergleich des Schriftzuges von 1819 mit dem von 1807 eindrucksvoll (Abb. 3).

HAHN moved to Nuremberg that same year, but did not receive his official confirmation as a citizen until 2nd May 1820 [19]. From the very detailed records of this procedure we can also glean instructive details about his financial circumstances. To support his literary venture he received 3000 Guldens from his parents in 1818 which – according to his mother (1819) – "went towards financing available copies of his work and in work outstanding" [20]. If one compares HAHN's handwriting in 1819 with that of 1807 it impressively confirms how much he had matured during those years of searching (fig. 3).

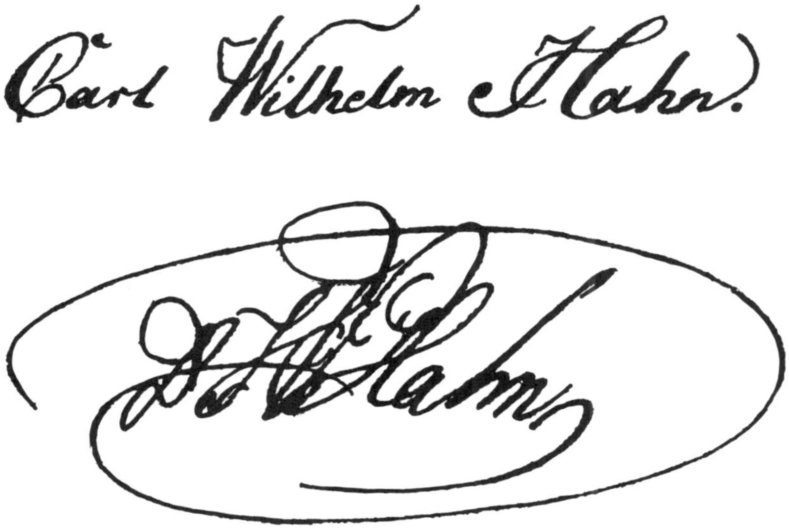

Abb. 3. Hahns Unterschrift von 1807 (oben; Brief von 1807 im Stadtarchiv Fürth) und von 1819 (unten; Lebenslauf im Stadtarchiv Nürnberg)

Fig. 3. Hahn's signature from 1807 (above: Letter from 1807, Fürth town archives) and from 1819 (below: Curriculem vitae, Nuremberg town archives)

Nach GEBHARDT [9] blieb HAHN unverheiratet. Wie sich durch das Auffinden eines Auszuges aus dem Trauregister jedoch zweifelsfrei belegen läßt, ehelichte er am 24. 2. 1820 Victoria Francisca KALTDORFF, geb. SCHAEFER [21]*. Die um fünf Jahre ältere Gattin, Witwe eines Arztes aus Fürth, brachte drei Kinder mit in die Ehe, die 11, 8 und 6 Jahre alt waren. Ihr gemeinsames Kind Anna Friedericke wurde Ende 1820 oder 1821 in Nürnberg geboren [22]. Wie sich den Unterlagen des Stadtarchivs Nürnberg entnehmen läßt, war HAHNs Gattin zu dieser Zeit ohne Vermögen, doch erwartete sie eine baldige größere Erbschaft vom Bruder ihrer Mutter.

According to GEBHARDT [9], HAHN remained single. However, as the discovery of an entry in a marriage register unequivocally proves, he married Victoria Francisca KALTDORFF, née SCHAEFER [21]*, on 24th February 1820. His wife, the widow of a doctor from Fürth, was about five years older than he, and had three children by her previous marriage aged 6, 8 and 11. Their own child Anna Friedericke was born at the end of 1820 or 1821 [22]. As can be seen from the documents in the Nuremberg town archives HAHN's wife was at this time without means, but was expecting quite a large inheritance from her maternal uncle before long.

* Schreibweise laut eigenhändiger Unterschrift [14] bzw. Trauschein [21]; an anderer Stelle auch „Victoria Franziska KAHLDORF, geb. SCHÄFER" [14] bzw. „SCHEFFER" [22]

* Spelling is according to her own signature [14] and the marriage certificate [21]; in other places it is written "Victoria Franziska KAHLDORFF, née SCHÄFER" [14] or "SCHEFFER" [22].

HAHN schien am Ziel seiner Wünsche zu sein. Er hatte inzwischen auch die „Monographie der Spinnen" begonnen und beschäftigte mehr als 10 Illuministen [14]. Umsomehr überrascht daher sein Umzug nach München. Dieser am 18.2.1821 erfolgte Schritt [22, 23] erscheint völlig unmotiviert, auch wenn HAHN im Vorwort zur 2. Lieferung der „Monographie der Spinnen" ausdrücklich auf die damit eingetretene Verbesserung seiner Literatursituation hinweist (s. S. 31). Überzeugender wirkt eine Eintragung im Münchner Polizeikartenregister: Als Grund für seinen Aufenthalt in der Residenzstadt gibt HAHN hier an, ein Buch über die exotischen Vögel der Menagerie des Königs „in naturgetreuen Abbildungen mit getreuen Beschreibungen" [23] herausgeben zu wollen. Diese Aufgabe war sicher ehrenvoll und zudem möglicherweise auch finanziell lukrativ. Sie könnte daher sogar einziger Anlaß zum überraschenden Ortswechsel gewesen sein. Obwohl schon eine Art Prospekt (Abb. 4) vorlag, wurde das Projekt in dieser

HAHN seemed to have got all he had wished for. In the meantime he had also started work on the "Monograph on Spiders" and had more than 10 illustrators in his employ [14]. For that reason his move to Munich was all the more surprising. This step, which ensued on 18th February 1821 [22, 23], appears to have been completely unmotihated, even though HAHN expressly refers to the resulting improvement in the availability of research material, in the foreword to the 2nd instalment of the "Monograph on Spiders" (cf. p. 31). An entry in the Munich police records seems more convincing: here the reason HAHN gives for his stay in the capital is that he wanted to publish a book about the exotic birds in the King's menagerie, "with true to life illustrations and faithful descriptions" [23]. This task was certainly a great honour and perhaps even financially lucrative. Therefore it could even have been the sole reason for his surprising move. Although a sort of prospectus had already been produced (fig. 4) the project was never

Anzeige.

Seine Majestaet unser allergnädigster König besitzen, wie bekannt, eine grofse Sammlung sehr prächtiger und mitunter auch äufserst seltener lebendiger ausländischer Vögel, und da ich von Seiner Königlichen Majestät die Allerhöchste Erlaubnifs erhielt, dieselben beobachten und abbilden, auch in einem eigenen Werke unter dem Titel:

Die

Menagerie

Sr. Majestät Maximilian Joseph

Königs von Baiern

in naturgetreuen Abbildungen mit Beschreibungen

dem Publikum übergeben zu dürfen; so lege ich hiemit die zwey ersten Abbildungen als Muster vor, mit der Bitte, mich durch Unterzeichnung gütigst zu unterstützen, damit ich im Stande bin, dieses Werk fortzusetzen und zu vollenden, um dadurch zu zeigen, dafs unser Allergnädigster König, der Allerhöchste Beschützer und Beförderer aller Wissenschaften, auch nicht das Mindeste unterläfst, solche zur höchsten Vollkommenheit zu bringen.

Alle 14 Tage höchstens wird ein Blatt dieses Werkes in Median-Folio 22" hoch und 15" breit erscheinen. Der Subscriptionspreis für ein fein kolorirtes Blatt ist 1 fl. Rheinisch. Vier und zwanzig Blätter bilden einen Band, und bey Beendigung desselben werden jedesmal die Beschreibungen nebst Titelblatt und Register auf schönes Schweizerpapier gedruckt, mit abgegeben.

Das ganze Werk wird 3 bis 4 Bände stark.

Mehr Blätter, als Titl. Subscribenten sich gemeldet haben, werden nicht abgedruckt und in Buchhandel kommt dieses Werk nie.

Jeder Titl. Subscribent mufs sich verbindlich machen, das ganze Werk abzunehmen.

Ueber die Nützlichkeit dieses Unternehmens sage ich nichts, da es gewifs das einzige Werk seiner Art ist, wo alle Abbildungen nach lebendigen Individuen gemacht sind, — über den Werth desselben aber um so weniger, als solcher dem Urtheile des gesammten Publikums überlassen bleiben mufs.

München am 1. März 1821.

Dr. C. W. Hahn.
Naturhistoriker.

Abb. 4. Das Buchprojekt der Anzeige wurde in dieser Form nie realisiert, war aber für Hahn wahrscheinlich Anlaß, 1821 nach München zu übersiedeln

Fig. 4. The book project of the advertisement was never realised in this form, but was probably the reason why Hahn moved to Munich in 1821

Form nie realisiert. Bereits vorhandene Zeichnungen fanden nachweislich anderweitig Verwendung.*

Aber auch in München blieb HAHN nur einige Jahre. Er wohnte mit seiner Familie zunächst in der Baierstraße 146 bei Michael GASTEIGER, einem Obsthändler, später in der Karlsstraße (heute: Neuhauser Straße) 1091 [23]. Eine Eintragung vom 25.8.1825 im „Fremden-Bogen" spricht für eine recht plötzliche Abreise: „Hat sich auf Nachfrage von hier geflüchtet" [22].

Die Ursachen dieses neuerlichen Ortswechsels sind unbekannt. Ob ein Zusammenhang mit der Anfang 1826 erfolgten Auflösung der königlichen Menagerie** besteht, ist nicht belegbar. Denkbar scheint immerhin, daß HAHN diese für ihn ungünstige Entwicklung vorhersah. Dies würde den Abbruch der Arbeiten an jenem Buchprojekt und das Verlassen der Residenzstadt erklären.

Mit HAHNs Weggang von München im Jahre 1825 verliert sich seine Spur. Nur aufgrund der Ortsangabe in datierten Vorwörtern späterer Arbeiten ist ersichtlich, daß er nach Nürnberg zurückkehrte. Nach GEBHARDT [9] starb er dort am 7.10.1835 „im besten Mannesalter an einem Lungenleiden" (Quelle?).

Hatte HAHN engere Kontakte zu anderen Naturkundigen, hatte er unter ihnen Freunde? Nach GEBHARDT [9] müßte man diese Frage verneinen, denn er sei ein „eigen gearteter Einzelgänger" gewesen. Bemerkungen in der „Monographie der Spinnen" sprechen allerdings nicht für übergroße Kontaktarmut: „Ausländische Arten verdanke ich der Güte meiner Freunde" (S.10), „mein Freund, Herr STURM dahier" (S.10, 19, auch S.22), „mein Freund, Herr Dr. WAGLER dahier ... übergab mir solches auf unserer gemeinschaftlichen Excoursion" (S.46). An anderer Stelle ist ersichtlich, daß er für seine Zeichnungen auf Präparate der zoologisch-anatomischen Sammlung WAGLERs [25] bzw. „der sehr reichen Sammlung des Herrn Friedrich STURM, Sohn des allbekannten Naturforschers Jacob Sturm in Nürnberg" [26] zurückgreifen konnte. Wir dürfen also zumindest annehmen, daß HAHN zu Jakob STURM (1771–1848) und wohl auch zu dessen beiden Söhnen Johann Heinrich Christian (1805–1862) bzw. Johann Wilhelm (1808–1865) engeren Kontakt hatte. Dieser bemerkenswerten Künstlerfamilie, deren Leistungen als

* Vorwort zur 13. Lfg. der „Voegel aus Asien, ...", datiert 1822: „In diesem und in einer Reihe darauf folgender Hefte wird besonders die Menagerie ausländischer Vögel ..., welche der Herr Verfasser abzubilden und zu beobachten, die Allerhöchste Erlaubniß erhielt, vorkommen".

** Über die Versteigerung der Tiere vom 25.–28.4.1826 gibt eine Auflistung [24] detailliert Auskunft, der möglicherweise bestandserfassende Vorarbeiten von HAHN zugrunde liegen.

realised in this form. It can be proved that drawings for this book were put to different use.*

However HAHN left Munich as well after only a few years. He and his family first lodged at 146 Baierstraße with Michael GASTEIGER, a greengrocer, and then moved to 1091 Karlsstraße (now called Neuhauserstraße) [23]. An entry in the guest book, dated 25.8.1825, indicates a very sudden departure: "On enquiry discovered he had fled" [22].

The reasons for this last move are unknown. It is not verifiable whether there is a connection with the ensuing closure of the Royal Menagerie** at the beginning of 1826. It is at any rate conceivable that HAHN foresaw this unfavourable development, which would explain why the book project was abandoned and why he left the capital.

With his departure from Munich in 1825 all trace of HAHN disappears. The only reason why we know that he returned to Nuremberg is that the place of publication is given in the dated forewords of later works. According to GEBHARDT [9] he died there on 7th November 1835, "of a lung complaint in the prime of life" (source?).

Was HAHN in close contact with other natural scientists, did he have friends among them? According to GEBHARDT [9] this was not the case, as he had been an "indiosyncratic loner". Remarks in the "Monograph on Spiders", however, do not indicate that he found it particularly difficult to come into contact with other people: "The foreign species are thanks to the kindness of my friends" (p.10), "Here my friend Herr Sturm" (p.10, 19 and similarly p.22). "Here my friend Herr Dr. WAGLER handed one of these to me on our excursion together" (p.46). At other places it is apparent that he could fall back on stuffed animals from WAGLER's zoological and anatomical collection [25] and "the very extensive collection of Herr Friedrich STURM, son of the universally known natural scientist Jacob Sturm from Nuremberg" [26] for his drawings. We can thus at least assume that HAHN had close contact with Jakob STURM (1771–1848) and probably with his two sons Johann Heinrich Christian (1805–1862) and Johann Wilhelm (1808–1865). HAHN certainly owes the correction of some of his drawings to this remarkable family

* Foreword to the 13th instalment of "Birds from Asia ..." dated 1822: "This booklet and a series of later booklets will primarily deal with the menagerie of foreign birds ..., which the author had permission from highest authority to depict and observe."

** There is a list of detailed information [24] about the auctioning of the animals from 25.–28.4.1826, which is probably based upon preliminary stock–taking work done by HAHN.

Zeichner und Stecher [27, 28] vor allem Entomologen und Liebhabern illustrierter Tierbücher bekannt sein werden, verdankt HAHN sicher manche Korrektur seiner Zeichnungen. Hinsichtlich STURM Vater ist das auch belegbar (s. S. 10). Ihm zu Ehren benannte HAHN eine Radnetzspinnenart: *Araneus Sturmii* – jetzt *Atea sturmi* (HAHN, 1831).

Ähnlich eng müssen die Beziehungen zu Johannes (Jean) Georg WAGLER (1800–1832) gewesen sein, der sich vor allem als Herpetologe bleibende Verdienste erwarb [27, 28]. Auch nach ihm benannte HAHN eine Art: *Lycosa Waglerii* (s. Tafel 11, S. 51) – heute *Pardosa wagleri* (HAHN, 1822).

Über andere Kontakte zur von LEYDIG [28] geschilderten, bemerkenswert produktiven Nürnberger Zoologenszene wissen wir nichts Verläßliches. Ebenso war nicht in Erfahrung zu bringen, ob und in welcher Beziehung HAHN zu Franz von Paula (von) SCHRANK (1747 bis 1835) gestanden hat, dem er die „Monographie der Spinnen" zueignete (s. S. 7). Der in hohem Ansehen stehende SCHRANK, ein beeindruckend vielseitiger Naturforscher [29], ist möglicherweise als Vorbild HAHNs anzusehen, zumal er in seinen Werken auch Spinnen beschrieb [30, 31, 32]*. Vielleicht erhoffte sich HAHN auch hinsichtlich einer festen Anstellung Protektion, war SCHRANK doch schon vor 1820 eine überaus einflußreiche Persönlichkeit [29]. Für eine persönliche Bekanntschaft gibt es allerdings keinen Beweis.

HAHNs naturhistorisches Lebenswerk ist durch bemerkenswerte Vielseitigkeit gekennzeichnet (s. Bibliographie). Der wissenschaftliche Wert seiner Arbeiten muß jedoch als recht unterschiedlich eingeschätzt werden. Die ornithologischen Werke beispielsweise blieben ohne sichtbaren Einfluß auf die Entwicklung dieses Wissensgebietes [33]. Ohnehin mehr populär angelegt war die „Fauna Boica". Nicht umsonst wurde sie auf Entschließung des Königs von Bayern allen Stadt- und Marktschulen nachdrücklich empfohlen [34]. Ähnlich bedeutungsvoll wie seine beiden Spinnenwerke (s. S. 136 f.) ist dagegen die HAHNsche Wanzenbearbeitung. Bezüglich dieser Insektengruppe erwarb er sich bleibende wissenschaftliche Verdienste [35]. Er stellte neue Gattungen auf (z. B. *Polymerus* HAHN, 1834) und beschrieb der Wissenschaft bis dahin noch unbekannte Arten – so u. a. *Criocoris crassicornis* (HAHN, 1834) und *Orthocephalus saltator* (HAHN, 1835). Eine Wanzenart trägt sogar seinen Namen: *Lopus hahni* STÅL, 1860. Diese Ehre wurde ihm auch auf arachnologischem Gebiet zuteil: Carl Ludwig KOCH benannte 1841 eine Gattung nach ihm (= *Hahnia*), die später namensgebend für die ganze Familie wurde – Hahniidae BERTKAU, 1878.

---

* Gültige Benennungen sind z. B. *Xysticus audax* (SCHRANK, 1803) und *Philodromus emarginatus* (SCHRANK, 1803)

of artists, whose achievements as illustrators and engravers [27, 28] are especially well known to entomologists and collectors of illustrated animal books. In the case of STURM the elder, it can actually be proved that he did correct some of HAHN's drawings (cf. p. 10). HAHN named a species of orb-weaver spider in his honour: *Araneus Sturmii'* – now *Atea sturmi* (HAHN, 1831).

His relationship with Johannes (Jean) Georg WAGLER (1800–1832), who above all made lasting contributions in the field of heretology [27, 28], must have been similarly close. HAHN also named a species after him: *Lycosa Waglerii* (cf. table 11, p. 51) – today *Pardosa wagleri* (HAHN, 1822).

Nothing reliable is known about other contacts with the remarkably productive Nuremberg zoologist scene described by LEYDIG [28]. It was also impossible to learn what connection (if any) HAHN had with Franz von Paula (von) SCHRANK (1747–1835), to whom he dedicated the "Monograph on Spiders" (cf. p. 2). One can possibly see SCHRANK, a highly regarded and remarkably versatile natural scientist [29] as a model for HAHN, especially as he also described spiders in his works [30, 31, 32]*. Perhaps HAHN also hoped for patronage with regard to a permanent position, as even before 1820 SCHRANK was an extremely influential personality [29]. There is no proof, however, that HAHN knew him personally.

HAHN's lifework in natural history is characterised by remarkable versatility (see bibliography). However the scientific value of his work varies. His ornithological works, for example, never had any discernible influence on this field [33]. The "Fauna Boica" was in any case written in a more popular style; it was not for nothing that on the decision of the King of Bavaria it was strongly recommended for all town and market schools [34]. On the other hand HAHN's work on bugs is just as important as his works on spiders (cf. p. 136 f.). HAHN made lasting scientific contributions with his work on this group of insects [35], establishing new genera (e. g. *Polymerus* HAHN, 1834) and describing species previously unknown to science – among others *Criocoris crassicornis* (HAHN, 1834) and *Orthocephalus saltator* (HAHN, 1835). One species of bug even carries his name: *Lopus hahni* STÅL, 1860. He was also given this honour in the field of arachnology: Carl Ludwig KOCH called a genus after him in 1841 *(Hahnia)* which was later used as the name of the whole family – Hahniidae BERTKAU, 1878.

---

* Names still valid today are e. g. *Xysticus audax* (SCHRANK, 1803) and *Philodromus emarginatus* (SCHRANK, 1803).

Eine bildliche Darstellung des kundigen Naturforschers scheint nicht zu existieren. Weder in der Deutschen Staatsbibliothek Berlin (Handschriftenabteilung/Literaturarchiv) noch im Staatsarchiv München oder in der Porträtsammlung des ehemaligen Deutschen Entomologischen Instituts in Eberswalde (jetzt: Institut für Pflanzenschutzforschung Kleinmachnow, Bereich Eberswalde) brachten Nachfragen Erfolg. Unauffindbar ist auch HAHNs Spinnensammlung. LEYDIG [28] schreibt zwar: „seine Sammlung von Arachniden ist meines Wissens dem zoologischen Museum in München einverleibt worden". In der Zoologischen Staatssammlung München sind HAHNsche Sammlungsbelege jedoch nicht nachzuweisen und möglicherweise Opfer des Krieges geworden [36].

Abschließend sei ein Blick auf das Gesamtwerk von C.W.HAHN gestattet. Es umfaßt 10 Titel, für die er gleichzeitig auch der Illustrator war:

1818–1836 Voegel(,) aus Asien, Africa, America und Neuholland, in Abbildungen nach der Natur mit Beschreibungen. 19 Lfgen. Nürnberg: Lechner

1820–1836 Monographia Aranearum – Monographie der Spinnen. 8 Lfgen. Nürnberg: Lechner

1826–1828 Naturgetreue Abbildungen zur allgemeinnützigen Naturgeschichte der Thiere Bayerns. Nürnberg: Verfasser

1830–1835 Fauna Boica, oder gemeinnützige Naturgeschichte der Thiere Bayerns. 29 Lfgen. (zusammen mit J.E.von REIDER). Nürnberg: Zeh

1831–1834 Die Arachniden. Getreu nach der Natur abgebildet und beschrieben. 2 Bde. (ab Bd.3 fortgesetzt von C.L.KOCH). Nürnberg: Zeh

1831–1835 Die wanzenartigen Insecten. Getreu nach der Natur abgebildet und beschrieben. 3Bde. (ab Bd.4 fortgesetzt von G.A.W. HERRICH-SCHÄFFER). Nürnberg: Zeh

1834 Gründliche Anweisung Krustenthiere, Vielfüße, Asseln, Arachniden und Insecten aller Klassen zu sammeln, zu präpariren, aufzubewahren und zu versenden. Nürnberg: Zeh

1834–1836 Ornithologischer Atlas oder naturgetreue Abbildung und Beschreibung der aussereuropäischen Vögel. 6 Lfgen. (fortgesetzt von H.C.KÜSTER). Nürnberg: Zeh

1835 Icones Orthopterorum. Abbildungen der hautflügeligen Insecten. 1 Lfg. Nürnberg: Lechner

There appears to be no picture of this expert natural scientist in existence. I enquired in the German National Library in Berlin (Handwriting department/Literature archive), the Munich National archive, and the portrait collection of the former German Entomological Institute in Eberswalde (now the Kleinmachnow Institute for Research into Plant Protection, Eberswalde section) – all without success. HAHN's collection of spiders is also nowhere to be found. Although LEYDIG [28] writes: "his collection of spiders has to my knowledge been given to the zoological museum in Munich", no evidence of HAHN's collection can be found in the National Zoological Collection in Munich and was possibly destroyed in the war [36].

Finally we can take a look at the complete works of C.W.HAHN. There are ten titles altogether, all illustrated by HAHN himself (original titles):

1818–1836 Voegel(,) aus Asien, Africa, America und Neuholland, in Abbildungen nach der Natur mit Beschreibungen. 19 instalments. Nürnberg: Lechner.

1820–1836 Monographia Aranearum – Monographie der Spinnen. 8 instalments. Nürnberg: Lechner.

1826–1828 Naturgetreue Abbildungen zur allgemeinnützigen Naturgeschichte der Thiere Bayerns. Nürnberg: Author

1830–1835 Fauna Boica, oder gemeinnützige Naturgeschichte der Thiere Bayerns. 29 instalments (together with J.E.von REIDER). Nürnberg: Zeh.

1831–1834 Die Arachniden. Getreu nach der Natur abgebildet und beschrieben. 2 volumes (from the 3rd volume onwards continued by C.L.KOCH). Nürnberg: Zeh.

1831–1835 Die wanzenartigen Insecten. Getreu nach der Natur abgebildet und beschrieben. 3 volumes (from the 4th volume onwards continued by G.A.W. HERRICH-SCHÄFFER). Nürnberg: Zeh.

1834 Gründliche Anweisung Krustenthiere, Vielfüße, Asseln, Arachniden und Insecten aller Klassen zu sammeln, zu präpariren, aufzubewahren und zu versenden. Nürnberg: Zeh.

1834–1836 Ornithologischer Atlas oder naturgetreue Abbildung und Beschreibung der aussereuropäischen Vögel. 6 instalments (continued by H.C.KÜSTER). Nürnberg: Zeh.

1835 Icones Orthopterorum. Abbildungen der hautflügeligen Insecten. 1 instalment. Nürnberg: Lechner.

Weder im „Gesamtverzeichnis des deutschsprachigen Schrifttums" [37] noch bei NISSEN [27, 38] oder im "General Catalogue of Printed Books" [39] findet sich der in der „Monographie der Spinnen" angekündigte zehnte Titel „Icones ad Monographiam Cimicum, oder Abbildungen zur Monographie der wanzenartigen Insecten". LECHNER teilte 1826 das Erscheinen der ersten (und wohl auch einzigen?) Lieferung mit (vgl. S.56) und wiederholte diese Mitteilung 1834 (vgl. S. 87). Im Unterschied zum 1821 per Anzeige propagierten Projekt „Die Menagerie Sr. Majestät Maximilian Joseph Königs von Baiern in naturgetreuen Abbildungen mit Beschreibungen" (vgl. S.118 und Abb. 4) ist diese Wanzenbearbeitung mit Sicherheit existent, auch wenn bisher kein Beleg beigebracht werden konnte.*

Der Vollständigkeit halber muß ferner erwähnt werden, daß HAHN in einem Fall an der Bebilderung eines Buches beteiligt war [38]:
WOLF, J(ohann).: Abbildungen und Beschreibungen merkwürdiger naturhistorischer Gegenstände. 2 Bde. Nürnberg: Tyroff. 1816–1822.

* Die UB der Humboldt-Universität Berlin – Zweigstelle im Zoologischen Museum – führt diesen Titel in der Kartei, doch ist das Exemplar nicht auffindbar [40]. Auch in der Bibliothek des Instituts für Pflanzenschutzforschung Eberswalde ist das Werk, obwohl im Index ausgewiesen, verschollen [41].

Neither in the "General Index of German Literature" [37], in NISSEN [27, 38], nor in the "General Catalogue of Printed Books" [39] can the tenth title announced in the "Monograph on Spiders" "Icones ad Monographiam Cimicum, oder Abbildungen zur Monographie der wanzenartigen Insecten" be found. In 1826 LECHNER announced the appearance of the first (and perhaps also the only) edition (cf. p. 56) and repeated this announcement in 1834 (cf. p. 87). Unlike the project advertised in 1821, "The Menagerie of his Majesty Maximilian Joseph, King of Bavaria with Descriptions and True to Life Illustrations" (cf. p.118 and fig. 4) this work on bugs certainly exists, even though up to now no evidence of it has been found.*

To complete the picture it should further be mentioned that in one case HAHN had been involved in illustrating a book [38]:
WOLF, J(ohann).: Abbildungen und Beschreibungen merkwürdiger naturhistorischer Gegenstände. 2 volumes. Nürnberg: Tyroff. 1816–1822.

* The library of the Humboldt University Berlin – Zoological Museum Section – has this title in its card index, but the copy is nowhere to be found [40]. Although the work is also in the index of the library of the Institute for Research into the Protection of Plants Eberswalde, it has also been lost [41].

Die Entstehungsgeschichte des Werkes

Selten stehen Aufbau und Entstehungsgeschichte eines Werkes in einem so klar ersichtlichen Zusammenhang, selten sind alle Höhen und Tiefen eines Fortsetzungsprojektes so direkt ablesbar wie im Fall der „Monographie der Spinnen". Um zu einer objektiven Beurteilung von HAHNs arachnologischem Erstlingswerk kommen zu können, ist eine ausführliche Darstellung der beinahe lückenlos vorhandenen Fakten erforderlich.

Wenden wir uns zunächst dem Zeitraum vor dem Erscheinen der ersten Lieferung zu. Wie HAHN im Vorwort zu dieser mitteilt, hatte er sich bereits mehrere Jahre mit dieser Tiergruppe beschäftigt. Als er der Nadelungsmethode gegenüber der Weingeist-Konservierung den Vorzug gab, nahmen Intensität der Arbeit und Interesse offenbar merklich zu (s. S. 9). Er macht ferner deutlich, bereits vor 1820 über eine beachtliche Sammlung von Spinnen verfügt zu haben. Dieser Umstand und die günstige Gelegenheit, die Naturaliensammlungen in „München, Erlangen, Bamberg, Würzburg, Nürnberg und Ebrach" [42] sowie private Sammlungen (s. S. 10) nutzen zu können, mögen ihn dazu bewogen haben, eine monographische Darstellung zu wagen. Da die Spinnen damals üblicherweise zusammen mit den Insekten behandelt wurden (vgl. z. B. SCHRANK [30], PANZER [43]), war die von HAHN vorgenommene Separierung in der Tat ungewöhnlich. Außer einer Naturgeschichte der Spinnen des Franzosen WALCKENAER von 1806 [44] gab es „kein Werk neuerer Zeit, welches die Spinnen ausschließend zum Gegenstand hätte" (S. 10).

Auch über seine Vorstellungen zum inhaltlichen Aufbau dieser Spinnenmonographie gibt HAHN detailliert Auskunft (S. 11). Demnach war vorgesehen, monatlich eine Lieferung (= Heft) mit vier Tafeln erscheinen zu lassen – ergänzt durch einen kurzen Text mit Artkennzeichen und „Vaterland". Ein ausführlicher Text mit den vollständigen Beschreibungen der abgebildeten Arten sollte erst bei Abschluß des jeweils 12. und letzten Heftes eines Bandes geliefert werden (S. 11, 31). Wie wir wissen, ist das HAHNsche Werk über insgesamt 8 Hefte nicht hinausgekommen, die zudem nicht innerhalb eines Jahres, sondern im Verlauf von 16 (!) Jahren erschienen.

Welche Gründe schon zu Beginn des Unternehmens einen rascheren Fortgang verhinderten, läßt sich nicht mit Gewißheit sagen. HAHNs Übersiedlung nach Nürnberg (1819) und bald darauf nach München (1821) könnte dabei ebenso eine Rolle gespielt haben wie seine 1820 erfolgte Heirat. Er war nun plötzlich für eine mehrköpfige Familie zuständig – sicher ein gravierender Einschnitt in seine bisherigen Lebensgewohnheiten! Dazu will allerdings nicht recht passen, daß sein

The History of Origin of the Work

It is rare that the structure and history of origin of a work are so obviously connected; it is also rare that all the ups and downs of a serialised project are so clearly to be seen as in the case of the "Monograph on Spiders". To be able to come to an objective assessment of HAHN's first arachnological work, it is necessary to give a detailed account of these facts, which fortunately are nearly complete.

Let us first turn to the period before the appearance of the first instalment. As HAHN announces in the foreword of this booklet, he had already devoted himself to this animal group for several years. When he gave precedence to the pinning method rather than preservation in alcohol, the intensity of his work and interest clearly increased (cf. p. 9). Furthermore he makes it clear that before 1820 he had already had an impressive collection of spiders at his disposal. This, together with easy access to the natural history collections in "Munich, Erlangen, Bamberg, Würzburg and Ebrach" [42], as well as to private collections, (cf. p. 10) may have induced him to try a monographical description. At that time spiders usually tended to be dealt with alongside insects (cf. eg. SCHRANK [30] and PANZER [43]) so HAHN's separation of the two was certainly unusual. Apart from a natural history of spiders by the Frenchman WALCKENAER in 1806 [44] there had been no work of that time which had exclusively had spiders as its subject (cf. p. 10).

HAHN also gives detailed information about his plans for the structure of the contents of this spider monograph (p. 11). According to this information it was intended to publish monthly instalments (i.e. booklets) each with four plates. These were to be supplemented by a short text with some characteristics of the species and "fatherland". A more detailed text, with the complete descriptions of the illustrated species, would not be supplied until the end of the 12th and last booklet of a volume (p. 11, 31). As we know the work never went beyond 8 booklets; and these did not appear within one year, but in the course of 16 (!).

It cannot be said with certainty what the reasons were for the slow progress right at the beginning of the venture. HAHN's move to Nuremberg in 1819 and shortly afterwards to Munich in 1821 could have had something to do with it, as could his marriage in 1820. He was now suddenly responsible for a large family – certainly a major change from his previous way of life! However this theory does not really fit in with the fact that his or-

seit 1818 erscheinendes ornithologisches Werk über die „Voegel aus Asien, ...“ unvermindert rasch fortgesetzt wurde – bis 1822 lagen bereits 10 Lieferungen mit jeweils sechs Tafeln vor. Vielleicht sind es aber ausschließlich finanzielle Probleme gewesen, bedingt durch zu geringen Absatz, die HAHNs Zeitplan durcheinander brachten. Dafür spricht auch die Abgabe der Verlagsrechte an die J. L. S. LECHNERsche Buchhandlung in Nürnberg ab Heft 3. Die Hefte 1 und 2 der „Monographie der Spinnen“ waren noch im Selbstverlag und auf Kosten des Verfassers erschienen (Abb. 5). Für einen Vertrieb auf Kommissionsbasis hatte HAHN ursprünglich die J. A. STEINsche Buchhandlung vorgesehen. Erst als die erste Lieferung bereits ausgedruckt war, korrigierte er sich (s. S. 19).

nithological periodical about the "Birds from Asia...", which first went to print in 1818, was continued at an undiminished pace – by 1822 ten instalments with six plates in each had already been produced. Perhaps HAHN's schedule was turned upside down simply by financial problems caused by low sales. The fact that the publishing rights from the third booklet onwards were handed over to J. L. S. LECHNER's bookshop in Nuremberg also indicates this. Booklets 1 and 2 of the "Monograph on Spiders" were still being published by the author at his own expense (fig. 5). HAHN had originally intended the J. A. STEIN Bookshop to sell the booklets on commission, and it was not until the first instalment had already been printed that he changed his mind (cf. p. 19).

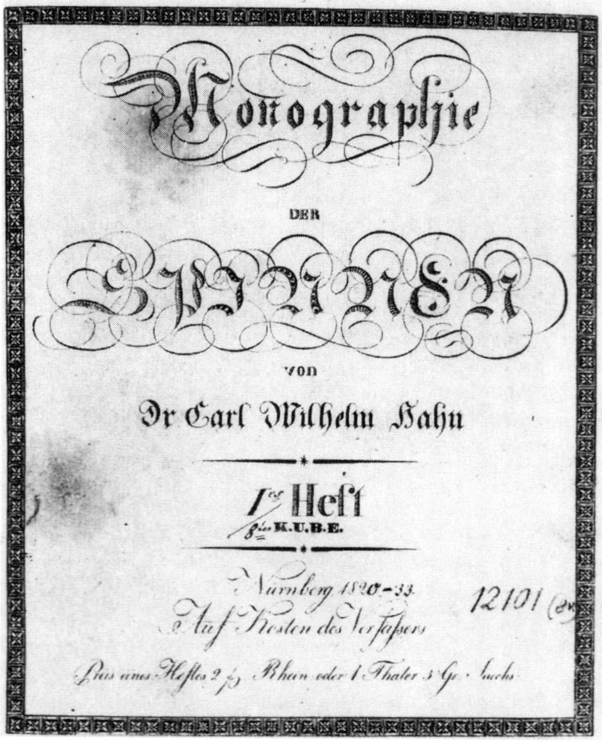

Abb. 5. Originalumschlagblatt der 1. Lieferung (Erlanger Exemplar), die im Selbstverlag und auf Kosten des Verfassers erschien

Fig. 5. Original dust jacket of the 1st instalment (Erlangen copy), which was published by the author at his own expense

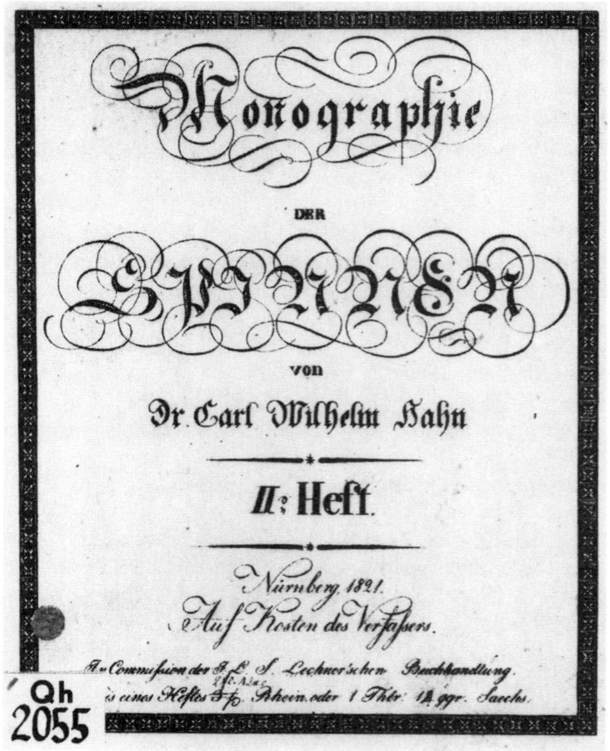

Abb. 6. Eines der seltenen Originalumschlagblätter der 2. Lieferung (Kieler Exemplar)

Fig. 6. One of the rare dust jackets of the 2nd instalment (Kiel copy)

Die LECHNERsche Buchhandlung, der er dann doch noch den Vorzug gab, verlangte für Heft 1 3 Rheinische Gulden, HAHN bei Direktbezug dagegen nur 2 Gulden* – s. S. 19 bzw. Abb. 5. Heft 2 senkt LECHNER merklich im Ladenpreis (s. Abb. 6 – Kieler Exemplar). Mit Übernahme der Verlagsrechte im Jahr 1822 sieht er sich so-

* Die Preisangabe erfolgte zusätzlich jeweils auch in sächsischer Währung.

The LECHNER Bookshop, to which he then gave preference, priced booklet one at three Rhein Gulden, whereas bought directly from HAHN it only cost two Gulden* – cf. p. 19 and fig. 5. LECHNER dropped the shop price of the second instalment considerably (cf. fig. 6. Kiel copy). When he took over the publishing

* Later the price was additionally given in Saxon currency as well.

gar veranlaßt, das 3. Heft für nur 2 Gulden und mit Gewährung eines zusätzlichen mäßigen Rabatts abzugeben (s. S. 44). All dies deutet auf Absatzschwierigkeiten hin.

Ob HAHN in seiner Münchner Zeit (1821–1825) an der „Monographie der Spinnen" intensiv weitergearbeitet hat, läßt sich nicht sagen. Die Fakten sprechen aber eher dagegen, denn das 4. Heft erscheint erst 1826. Die Schuld am schleppenden Fortgang ist ihm aber zumindest nur teilweise zu geben, nennt doch LECHNER in der dieser Lieferung vorangestellten „Nachricht" widrige Verhältnisse und zu geringen Absatz als Ursachen (S. 55). Wegen der sich angeblich abzeichnenden Besserung dieser Misere erhöht er unter Hinweis auf die größere Zahl von Abbildungen den Preis wieder auf 3 Gulden (s. Abb. 7) mit Preisnachlaß bei Direktbezug (2 Gulden 24 Kreuzer). Das muß sich aber als Fehlschlag erwiesen haben, denn das 5. Heft kostete trotz annähernd gleicher Abbildungszahl wiederum nur 2 Gulden (s. Abb. 8). Bei diesem Preis scheint es dann für die Folgehefte geblieben zu sein.

rights in 1822 he even felt obliged to sell the third booklet for only two Gulden, with the guarantee of an additional moderate discount (cf. p. 44). All this indicates difficulties with sales.

It is not possible to say whether HAHN had continued working intensively on the "Monograph on Spiders" during his time in Munich (1821–1825). However the facts would seem to suggest he had not, as the fourth booklet was not published until 1826. In spite of this HAHN can at least only in part be blamed for its sluggish progress – LECHNER gives adverse conditions and poor sales as reasons in the "message" at the beginning of this instalment (p. 55). Due to the alleged gradual improvement of this miserable situation, he raised the price again to three Gulden (cf. fig. 7) drawing attention to the greater number of illustrations; and also gave a discount with direct purchase (2 Gulden 24 Kreuzer). That must have proved to have been a mistake because the fifth booklet again only cost two Gulden, in spite of the fact that there were nearly the same number of illustrations (fig. 8). Successive booklets then seemed to stay at the same price.

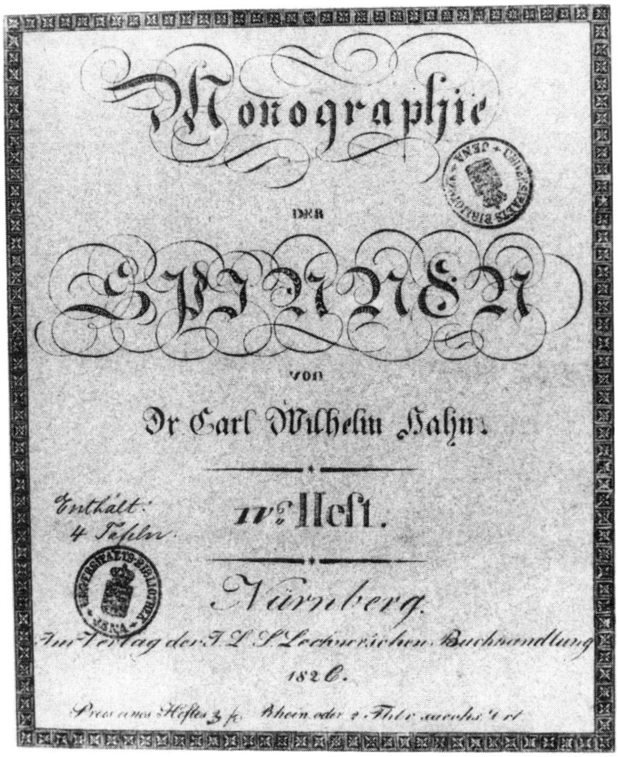

Abb. 7. Umschlagblatt der 4. Lieferung (Jenaer Exemplar), das die veränderte verlagsrechtliche Situation und die Preiserhöhung dokumentiert

Fig. 7. Dust jacket of the 4th instalment (Jena copy), which documents the change in publishers and the rise in price

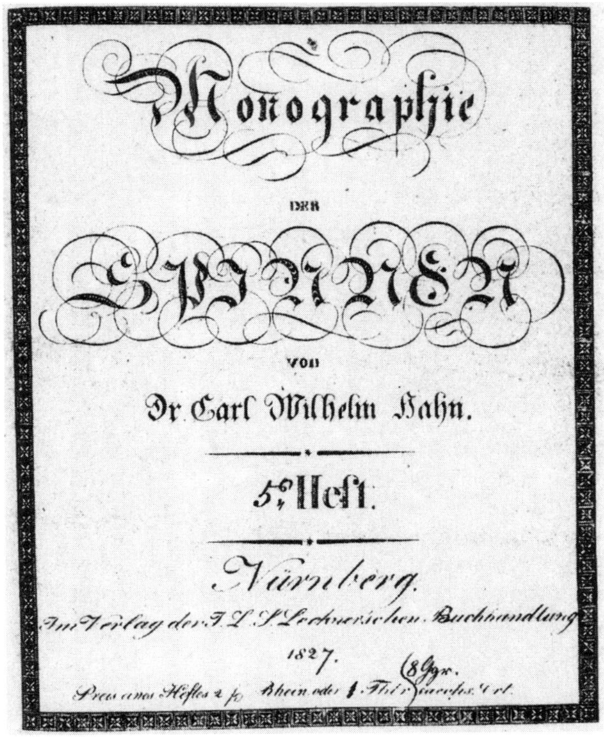

Abb. 8. Umschlagblatt der 5. Lieferung (Erlanger Exemplar) mit handschriftlich ergänztem Erscheinungsjahr und endgültiger Preisangabe

Fig. 8. Dust jacket of the 5th instalment (Erlangen copy), with year of publication changed by hand, and the final price

Wie zwischen dem Erscheinen des 3. (1822) und 4. Heftes (1826) vergingen erneut vier Jahre, bis 1831 die 6. Lieferung vorlag. LECHNER teilt in einer kleinformatigen und wohl nur beigelegten „Nachricht“ mit, daß das Werk anstelle des bisher praktizierten Steindrucks nunmehr im Zinkdruckverfahren, ohne Preiserhöhung und in schnellerer Folge als bisher hergestellt wird.
Viel überraschender und folgenschwerer ist aber der Hinweis, daß HAHN ab sofort der Redaktion enthoben sei (Abb. 9).

As in the case of the publication of the third and fourth booklets (1822 and 1826), four years also passed before the sixth instalment was published in 1831. LECHNER announced in the small format "message", probably only inserted in the booklet, that the work would now be produced using the zinc lithography process rather than the stone lithography printing used previously. This would occur without a price increase, and the instalments would appear more frequently than before. However, much more surprising and of more serious consequence than this, is the comment that HAHN had been relieved of his post as editor (fig. 9).

Nachricht

Diese VI^te Lieferung, erscheint etwas verspätet, woran mancherlei unvermeidliche Hindernisse Schuld sind, ich versichere aber, daß die Fortsetzung dieses Werkes jetzt schneller als bisher erfolgen wird. Zugleich bitte ich die verehrlichen Herrn Abnehmer sich dadurch nicht irre machen zu laßen, daß Hr. Dr. Hahn es künftig nicht mehr herausgiebt, er ist der Redaction enthoben.

Um gütige Beyträge bitte ich jeden Naturkundigen recht dringend, und werde solche gerne honoriren; sehr angenehm ist mir die Zusendung von Spinnen, besonders von ausländischen, welche ich getreu abbilden laßen, und mit ergebensten Danke unversehrt zurücksenden werde.

Zugleich bemerke ich, daß sowohl dieses, als auch das in meinem Verlage erscheinende ornithologische Werk: „Vögel aus Asien, Africa, America und Neuholland in Abbildungen nach der Natur mit Beschreibungen.“ nicht mehr in Steindruck geliefert werden, sondern ohne Erhöhung des Preißes in Zinkdruck. – Meine errichtete „zinkographische Anstalt“ liefert auch alle möglichen andern Arbeiten, und ich empfehle sie zu recht vielen Aufträgen.

Nürnberg, im August 1831.

Ergebener
Joh. Jac. Lechner
Kunsthändler, Antiquar u. Naturalienhändler.

Abb. 9. Die der 6. Lieferung beigefügte kleinerformatige Mitteilung des Verlegers J. J. Lechner

Fig. 9. The small format "message" inserted in the 6th instalment by the publisher, J. J. Lechner

Ob HAHN mit seinem Verleger oder jener mit HAHN brach, ließ sich bisher nicht feststellen. Es besteht aber kein Zweifel daran, daß die Trennung schon geraume Zeit vor dem Erscheinen der 6. Lieferung erfolgt ist. 1831 erschien nämlich bereits die erste Lieferung von „Die Arachniden“ in der ZEHschen Buchhandlung in Nürnberg. Dieses leichter zugängliche und daher auch bekanntere Werk muß HAHN wenigstens ein Jahr vorher in Angriff genommen haben. Im Vorwort des augenscheinlich als Ersatz für die gescheiterte „Monographie der Spinnen“ aus der Taufe gehobenen Buches nimmt er kurz Stellung zur veränderten Situation. Seine Äußerungen spiegeln die für ihn unerfreulichen Ereignisse der Vorjahre deutlich wider: „Bereits in der Anzeige dieses Werkes habe ich erklärt, dass meine Monographie der Spinnen, wovon seit dem Jahre 1820 im Verlage des gewesenen Buchhändlers Herrn J. LECH-

It has not been possible to ascertain whether HAHN broke with his publisher or he with HAHN. However there is no doubt that the separation took place some time before the publication of the sixth instalment. Indeed in 1831 the first instalment of "The Arachnids" had already appeared in ZEH's Bookshop in Nuremberg. This work, which was more accessible and thus also more well known than the "Monograph on Spiders", must have been started by HAHN at least a year before that. In the foreword to this book, hot off the press as an obvious substitute for the "Monograph on Spiders", he briefly gives his opinion on the changed situation. His remarks clearly reflect the unhappy events of the previous years: "I have already explained in the advertisement for this work that my "Monograph on Spiders" (of which five booklets have appeared since 1820, published by the former bookseller Herr

NER dahier fünf Hefte erschienen sind, geschlossen sey, weil wegen dem äusserst langsamen Erscheinen der Hefte weder die Titl. Abnehmer noch ich das Ende erleben würden, finde mich aber nun gezwungen ferner zu erklären, dass die vielleicht nach langen Zwischenräumen von Herrn LECHNER unter seinem Namen erscheinenden Hefte mit Abbildungen derjenigen Spinnen, wovon er noch Originalzeichnungen von mir in Händen hat, ohne meine Zustimmung geschehen, und dass die fraglichen Zeichnungen noch mancher Verbesserung bedürfen" [45].

J. LECHNER) will no longer be produced, because neither I nor the titular customer will live to experience the end of it, due to the extremely slow appearance of the booklets. However at this point I also find myself compelled to explain further that the booklets, which will perhaps appear after long intervals under Herr LECHNER's name, will be published without my consent. The illustrations printed will be taken from my original drawings which LECHNER still has in his possession and which are still in need of some correction." [45]

Die 6. Lieferung ist allerdings noch von HAHN unterzeichnet (s. S. 77), doch ist das kein Beweis für seine aktive Mitarbeit. Trotzdem darf sie ihm wohl noch vollinhaltlich zugerechnet werden, auch wenn er sich nur zu den Lieferungen 1–5 bekannt hat. Wiederum erst Jahre später erschienen die beiden letzten Lieferungen. Sie sind vom Bemühen des Verlegers gekennzeichnet, die „Monographie der Spinnen" zu retten. LECHNER kam dabei in der Tat sehr entgegen, daß er noch HAHNsche Zeichnungen mit den entsprechenden Kurzangaben zur Verfügung hatte. Eine aktuelle Mitarbeit des bisherigen Verfassers war daher auch gar nicht erforderlich. Zudem versucht LECHNER, sich mit dem Hinweis auf seine eigene Spinnensammlung, „welche immer ansehlicher wird", stärker in den Vordergrund zu rücken (S. 87). Diese und ähnliche Formulierungen sollten den Anschein erwecken, HAHN sei ohnehin entbehrlich geworden. Aber selbst die Bemerkung, die Abbildungen des 8. Heftes seien nach Exemplaren der LECHNERschen Sammlung und nur z. T. nach Originalzeichnungen HAHNs gefertigt worden, kann über LECHNERs geringen inhaltlichen Anteil nicht hinwegtäuschen. Von Belang war das aber ohnehin schon nicht mehr: Der in dieser Lieferung an die „Sammler und Aufseher von Kabinetten" ergangene Ruf nach Spinnenmaterial (S. 87) macht deutlich, daß sich LECHNERs Bild- und Vorlagenfundus bereits weitgehend erschöpft hatte. Zudem war die „Monographie der Spinnen" inzwischen auch vom wissenschaftlichen Gehalt her zur Farce geworden, denn der Verleger war aus naheliegenden Gründen nicht in der Lage, wirklich Neues zu bringen. So war ein Konkurrieren mit HAHNs neuem Projekt allein deshalb schon völlig ausgeschlossen. „Die Fortsetzung wird bald folgen und so interessant wie möglich werden" beeilt sich LECHNER zwar in der 8. Lieferung mitzuteilen, doch war das „Aus" wohl schon mit der Trennung von HAHN gekommen. Daß die angekündigte Weiterführung unterblieb, kam deshalb nicht überraschend.

The sixth instalment, though, still has HAHN's signature (cf. p. 77), but that does not necessarily prove HAHN's active cooperation. In spite of that, the contents can probably still be wholly attributed to him, even though he had only admitted to the first five instalments. Again it was not until years later that the last two instalments were published. They are characterised by the publisher's efforts to save the "Monograph on Spiders". LECHNER was certainly very happy that he still had HAHN's drawings with the corresponding brief details at his disposal. It was thus not at all necessary for the former author to participate in the work on those instalments. Furthermore LECHNER tried to step into the limelight by drawing attention to his own spider collection, "which was becoming more and more impressive" (p. 87). These and similar formulations were to give the impression that HAHN had in any case become dispensible. However, even the remark that the illustrations in the eighth booklet were of specimens from LECHNER's collection and had only in part been produced according to original drawings by HAHN, cannot hide LECHNER's minimal contribution to the contents of the booklet. In any case this was no longer of significance: the plea in this instalment to "collectors and museum attendants" for material on spiders (p. 87) makes it clear that LECHNER's stock of pictures had already been largely exhausted. Furthermore, in the meantime even the scientific content of the "Monograph on Spiders" had become a farce, since the publisher was not in a position to print anything new, for obvious reasons. For this reason alone it was already impossible for the "Monograph on Spiders" to compete with HAHN's new project. In the eighth instalment LECHNER hastens to add, "the next instalment will soon follow and will be as interesting as possible", but the separation from HAHN had probably already set the final seal on the project. It was therefore not surprising that the promised instalment failed to appear.

So fand HAHNs „Monographie der Spinnen" 1836 ein abruptes und unverdient glanzloses Ende, das der ein Jahr vorher verstorbene verdienstvolle Verfasser allerdings nicht mehr mitzuerleben brauchte.

Thus in 1836 HAHN's "Monograph on Spiders" came to an abrupt and undeservedly obscure end, although its praiseworthy author died a year earlier and did not have to experience this.

Das geschilderte Auf und Ab und die Absatzsorgen sind den Heften teilweise schon äußerlich anzusehen. Über die Jahre hinweg beibehalten wurde allerdings die Grundkonzeption, pro Heft vier Tafeln mit einem kurzen Erläuterungstext in Latein und Deutsch und zweispaltig zu bringen. Sieht man von den Preis- und sonstigen ergänzenden Angaben ab, sind die Umschlagblätter der Hefte 1–5 in Gestaltung und Aussehen gleich. Wahrscheinlich stammt der Entwurf hierfür (wie möglicherweise auch der für das Titelblatt) sogar von HAHN. Gänzlich anders ist die Umschlaggestaltung der Lieferungen 6, 7 und 8 (vgl. Abb. 14). LECHNER scheint damit beabsichtigt zu haben, HAHN namentlich überhaupt nicht mehr in Erscheinung treten zu lassen. Er löste dieses Problem geschickt: Ohne konkret werden zu müssen, wertet er das Werk durch die „mehreren Naturkundigen", die Verfasser der drei letzten Hefte sein sollen, eher noch auf. So konnten HAHN und LECHNER selbst anonym bleiben; auf weitere Mitarbeiter (falls es diese überhaupt gab!) fehlt jeder Hinweis.
Ähnlich abweichend war das Originalformat der Lieferungen 7 und 8. Während die Abmessungen der ersten sechs Hefte durchgängig 260 (Höhe) x 210–220 (Breite) mm betragen, scheinen die der Folgehefte davon merklich abzuweichen: 265x215 mm (Lfg. 7) bzw. 275x225 mm (Lfg. 8).* Auch beim Wiener Exemplar lassen sich diesbezüglich Unterschiede erkennen, doch sind die Ursachen hierfür nicht bekannt: „das ‚Regelformat' bei unserem Band ist (Höhe) 247–248 mm zu (Breite) 198 bis 200 mm (letztere bindebedingt etwas ungenauer ...); das Blatt ‚H. 6' mißt 247/8 mm (H) mal (ca.) 215 mm (also ca. 2 cm rechts überstehend, rechter Rand etwas ‚ungerade'), bei ‚H. 7' entsprechend 250/1 mm (H) mal 212/3 mm (B), rechter Rand etwas stufig, Unterrand wohl sichtlich geschnitten ...; H. 8 etwas kleiner (H: 240 mm, B 192/4 mm ...). In Summa also Format ca. 25x20 cm mit geringen Abweichungen ..." [47]. Nach der buchbinderischen Weiterverarbeitung sind kleinere Differenzen ohnehin nicht mehr sofort ersichtlich – nur das Textblatt zur 7. Lfg. läßt die Formatvergrößerung auch dann noch erkennen. Der Schriftblock reicht hier fast bis in den Beschnitt!

Ein abschließendes Wort zur Seltenheit des Werkes: Sie erklärt sich ursächlich aus der geringen Auflagenhöhe. „Mehr als hundert Exemplare einer Lieferung werden nicht gefertiget", bemerkte HAHN 1820 dazu (s. S. 19). Die immer wieder anklingenden Absatzschwierigkeiten lassen nicht erwarten, daß sich LECHNER bei späteren Lieferungen zu höheren Stückzahlen entschließen konnte.

* Maße entsprechend dem noch ungebundenen Exemplar der Universitätsbibliothek München [46]

The ups and downs and the problems with sales outlined here can even partly be seen in the outward appearance of the booklets. The basic conception, however, that each booklet should contain four plates with a short explanatory text in Latin and German in two columns, remained unchanged over the years. If one disregards the price and other supplementary details, the covers of booklets 1–5 are similar in design and appearance. They were probably even designed by HAHN (who possibly also designed the title page). The cover design of instalments 6, 7 and 8 is completely different (fig. 14). Thus LECHNER's intention seems to have been never to let HAHN's name appear again. He did this in a clever way: without doing anything definite he actually increased the prestige of the work by mentioning the "various natural historians" who were supposed to have been the authors of the last three booklets. So HAHN and LECHNER could themselves remain anonymous: there is no mention of other contributors (if these ever in fact existed!)
The original format of the seventh and eighth instalments was also different. While the measurements of the first six booklets were generally 260mm (height) × 210–220 mm (width) those of the later booklets seemed to noticably differ from this: 265 × 215 mm (inst. 7) and 275 × 225 mm (inst. 8)* The Vienna copy also shows differences in this respect, but the reasons for this are not known: "the 'usual format' for our volume is (height) 247–248mm and (width) 198–200 mm (the latter is more imprecise because of the binding...); the page 'H. 6' measures 247/8 mm (H) by (ca.) 215 mm (ie. overlaps ca. 2 cm on the right hand side, the right edge is rather jagged, the bottom edge has visibly been cut ...; H. 8 is rather smaller (H: 240 mm, W: 192/4 mm ...). On the whole, therefore, the format is ca. 25 × 20 cm with slight deviations ..." [47]. In any case after the bookbinding process such small differences are no longer immediately visible – only the text page of the seventh instalment gives an indication of the larger format. The text here nearly reaches the edge of the page!

A closing word about the rarity of the work: it can be explained by the fact that only small editions were produced. "More than a hundred copies of each instalment will not be produced", remarked HAHN on this subject in 1820 (cf. p. 19). The ever present difficulties with sales do not give reason to expect that LECHNER would have decided on larger numbers for later instalments.

* The measurements are taken from the unbound copy in the Munich University Library [46].

Die große Seltenheit vollständiger Exemplare resultiert wohl vor allem aus dem langen Erscheinungszeitraum. Es deutet einiges darauf hin, daß manche Bezieher die mehrmaligen unbefriedigend langen Unterbrechungen zwischen 1820 und 1836 nicht tolerierten. Das Berliner Exemplar umfaßt nur die Hefte 1–3, das von Cambridge/Mass. 1–5. Danach folgten jeweils „Löcher" von mehreren Jahren, die das Vertrauen in die Fortführung erschüttert haben mögen. Außerdem ist zu beachten, daß im Laufe der Jahrzehnte Exemplare verlorengegangen sind. Aus der DDR ist beispielsweise bekannt, daß das Exemplar der Deutschen Staatsbibliothek Berlin im letzten Krieg in Verlust geriet [48]. Ein weiteres Exemplar der „Monographie ..." war in der Bibliothek des Instituts für Pflanzenschutzforschung Eberswalde vorhanden, gilt aber als verschollen [41]. Das Eberswalder Exemplar bestand sehr wahrscheinlich aus sechs Lieferungen, das verlorengegangene Berliner offenbar nur aus einer Lieferung (Lfg. 1?).

Daß das Werk schon zu Beginn unseres Jahrhunderts eine Seltenheit war, geht aus

JUNK, W. (1926): Rara Historico-Naturalia. Vol. 2, Pars 1. Den Haag

hervor (s. dort S. 137).

The great rarity of complete copies probably results primarily from the long gap between instalments. There are some indications that a good many subscribers did not tolerate the repeated and annoyingly long delays between 1820 and 1836. The Berlin copy only consists of booklets 1–3 and the one in Cambridge/Mass of booklets 1–5. After both the third and the fifth instalments there followed "gaps" of a good many years, which must have shaken confidence as to whether further instalments would appear. It should also be taken into consideration that in the course of time copies have been lost. For example it is known that a copy from the German National Library in Berlin was lost in the last war [48]. A further copy of the "Monograph on Spiders" was known to have existed in the Library of the Institute of Research into Plant Protection Eberswalde, but is now considered lost [41]. The Eberswalde copy most likely consisted of six instalments and the lost Berlin copy obviously consisted of only one (1st inst.?)

That the work had already become a rarity at the beginning of the century is to be seen from

JUNK, W. (1926): Rara Historico-Naturalia. Vol. 2, Pars 1. The Hague (cf. p. 137).

Zum Datierungsproblem

Beim Zitieren einzelner Lieferungen der HAHNschen „Monographie der Spinnen" überrascht in der Fachliteratur immer wieder die offenkundige Unsicherheit bezüglich der Publikationsjahre. Wie BRIGNOLI [49] verdeutlicht, betreffen die widersprüchlichen Angaben aber nur die Lieferungen 2, 5 und 7 (sieht man davon ab, daß MENGE [50] das Werk erst 1829 seinen Anfang nehmen läßt!).
Die folgende Übersicht stellt die Angaben von WALCKENAER [51] und THORELL [52] (zwei bedeutende Arachnologen des vergangenen Jahrhunderts) gegenüber:

	2. Lfg.	5. Lfg.	7. Lfg.
WALCKENAER (1837)	1829	1827	–
THORELL (1870–1873)	182?	1829	1833

Auch in den großen Katalogwerken von ROEWER [2] bzw. BONNET [1] ist die Datierung diesbezüglich recht unterschiedlich:

	2. Lfg.	5. Lfg.	7. Lfg.
ROEWER (1942–1954)	1820	1829	1833
BONNET (1945–1961)	1821	1827	1834

Bei dieser Konfusion verwundert es nicht, daß noch weitere Versionen existieren. Beispielsweise datiert GAUCKLER [53] die 2. Lieferung mit 1829, die 5. gar mit 1832.

Wie kam es zu so beträchtlich voneinander abweichenden Angaben? Zunächst erscheint bemerkenswert, daß vielen Exemplaren die Umschlagblätter zu den einzelnen Lieferungen fehlen (s. Übersicht in der Einführung). Sie wurden beim Binden offenbar für entbehrlich gehalten, wiesen aber die teilweise oder ausschließlich handschriftlich vorgenommene Jahresangabe auf. Bei den Lieferungen 5 und 7 kommt erschwerend hinzu, daß sie im Unterschied zu den anderen Heften weder ein datiertes Vorwort noch irgendwelche anderen datierten Mitteilungen an den Bezieher besitzen. Das Publikationsjahr ist bei solchen Stücken in der Tat nicht ersichtlich. Für die 2. Lieferung trifft dies aber nicht zu. Sie enthielt mitunter eine mit April 1821 unterschriebene „Vormerkung", so daß eine exakte zeitliche Zuordnung gegeben ist. Interessanterweise konnte dieses Vorwort bisher nur für das Wittenberger und das Kieler Exemplar belegt werden. Es fehlt also in der Regel (s. Übersicht auf S. 111) und scheint zudem mit der einspaltigen Textvariante (Abb. 10) gekoppelt zu sein.* Hinzu kommen Dis-

* Im vorliegenden Reprint wurde die „Vormerkung" berücksichtigt (S. 31), obwohl die so zustandegekommene Kombination mit dem zweispaltig angeordneten Text (Latein/Deutsch) der Folgeseiten (S. 32 f.) im Original wahrscheinlich nie auftritt.

On the Problem of Dating the Instalments

When quotes from the individual instalments of HAHN's "Monograph on Spiders" appear in specialist literature, the obvious uncertainty regarding the year of publication is always surprising. As BRIGNOLI [49] explains, however, the contradictory dates only concern the second, fifth and seventh instalments (if one ignores the fact that MENGE [50] dated the commencement of the work as 1829!) The following table compares the dates given by WALCKENAER [51] and THORELL [52] (two important arachnolgists of the last century):

	2nd inst.	5th inst.	7th inst.
WALCKENAER (1837)	1829	1827	–
THORELL (1870–1873)	182?	1829	1833

The dating even varies greatly in the large catalogues compiled by ROEWER [2] and BONNET [1]:

	2nd inst.	5th inst.	7th inst.
ROEWER (1942–1954)	1820	1829	1833
BONNET (1945–1961)	1821	1827	1834

With this confusion it is no wonder that even more versions exist. For example GAUCKLER [53] gives the date of the second instalment as 1829, and the fifth even as 1832.

What is the reason for such differing dates? Firstly it seems remarkable that the individual instalments of many of the copies are without dust jackets (cf. table in the introduction). They were obviously considered dispensable when the instalments were being bound, however they do show a date, written either wholly or partly by hand. To make matters worse, unlike the other booklets, the fifth and seventh instalments neither have a dated foreword, nor any other message to the subscriber. In such cases the year of publication is indeed not apparent. However this is not the case for the second instalment. In some of the copies it contains a signed "note" dated April 1821, so an exact date is given. It is interesting to note that up to now this foreword has only been found in the Wittenberg and Kiel copies. It is therefore missing in most cases (cf. table on p. 111) and moreover seems to be linked with the single columned text variant (fig. 10).* Further-

* The "note" is included in this reprint (p. 31) although in the original it probably never existed together with a double columned text (Latin/German) (p. 32 f.).

krepanzen auf dem Umschlagblatt: Die 2. Lieferung des Erlanger und des Münchner Exemplars (Abb. 11) ist – abweichend von allen anderen eingesehenen Exemplaren (Abb. 13) – mit 1829 datiert. Damit werden gleichsam die Angaben von WALCKENAER [51] und GAUCKLER [53] bestätigt. Die abweichende Datierung kann als Publikationsjahr aber auf gar keinen Fall stimmen, da die darauffolgende 3. Lieferung nachweisbar bereits 1822 erschien (s. S. 44). Diese Unstimmigkeiten klären sich auf, wenn man weiß, daß die handschriftliche Eintragung auf dem Umschlagblatt nicht in jedem Fall identisch mit dem Erscheinungsjahr ist. Hefte, die LECHNER erst Jahre später absetzen konnte, beziehen sich hinsichtlich ihrer Datierung ganz offenkundig auf das Verkaufsjahr! Am Beispiel der 2. Lieferung des Erlanger und Münchner Exemplars wird das deutlich. Die Angabe „Im Verlag der J. L. S. Lechnerischen Buchhandlung" (Abb. 11) dokumentiert den unterstellten Sachverhalt: Zum Erscheinungstermin dieser Lieferung (1821) war nämlich ein solcher Vermerk überhaupt nicht möglich. Vielmehr waren jene Stücke durch die Angabe „Auf Kosten des Verfaßers" (Abb. 5) und/oder „In Commission der J. L. S. Lechner'schen Buchhand-

more there are different dates on the dust jackets: the second instalments of the Erlangen and Munich copies (fig. 11) are – in contrast with all the other copies which were looked at (fig. 13) – dated 1829. With this the dates given by WALCKENAER [51] and GAUCKLER [53] are, so to speak, confirmed. However these dates can in no way be correct as the year of publication, as it can be proved that the third instalment already appeared in 1822 (cf. p. 44). These differences can be explained if one knows that the handwritten entry on the dust jacket is not always identical with the year of publication. The dates on booklets which LECHNER could not sell until years later obviously refer to the year of sale! This will become clear if the second instalments of the Erlangen and Munich copies are taken as an example. The detail, "Published by J.L.S. Lechner's Bookshop" (fig. 11) is very important: namely at the date of publication of this instalment such a remark would have been absolutely impossible. Rather, those copies were characterised by the detail, "Paid for by the author himself" (fig. 5) and/or "Sold on commission by J.L.S. Lechner's Bookshop" (fig. 6). Furthermore the con-

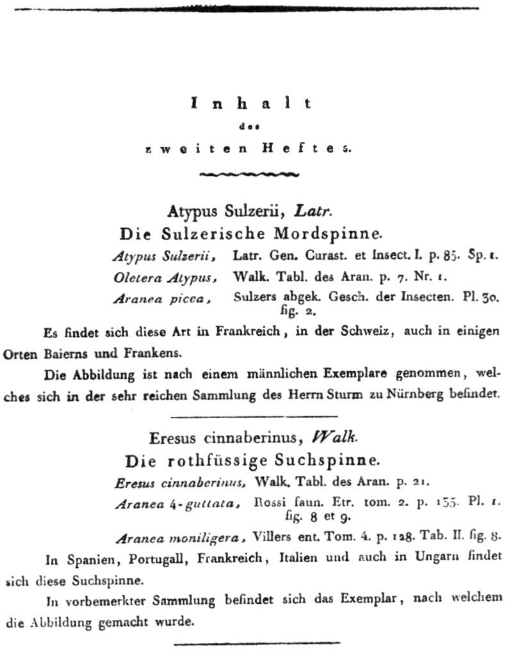

Inhalt

des

zweiten Heftes.

Atypus Sulzerii, *Latr.*

Die Sulzerische Mordspinne.

Atypus Sulzerii, Latr. Gen. Curast. et Insect. I. p. 85. Sp. 1.

Oletera Atypus, Walk. Tabl. des Aran. p. 7. Nr. 1.

Aranea picea, Sulzers abgek. Gesch. der Insecten. Pl. 30. fig. 2.

Es findet sich diese Art in Frankreich, in der Schweiz, auch in einigen Orten Baierns und Frankens.

Die Abbildung ist nach einem männlichen Exemplare genommen, welches sich in der sehr reichen Sammlung des Herrn Sturm zu Nürnberg befindet.

Eresus cinnaberinus, *Walk.*

Die rothfüssige Suchspinne.

Eresus cinnaberinus, Walk. Tabl. des Aran. p. 21.

Aranea 4-guttata, Rossi faun. Etr. tom. 2. p. 135. Pl. 1. fig. 8 et 9.

Aranea moniligera, Villers ent. Tom. 4. p. 128. Tab. II. fig. 8.

In Spanien, Portugall, Frankreich, Italien und auch in Ungarn findet sich diese Suchspinne.

In vorbemerkter Sammlung befindet sich das Exemplar, nach welchem die Abbildung gemacht wurde.

Abb. 10. Erste Textseite der abweichenden 2. Lieferung des Wittenberger Exemplars

Fig. 10. First page of the divergent 2nd instalment of the Wittenberg copy

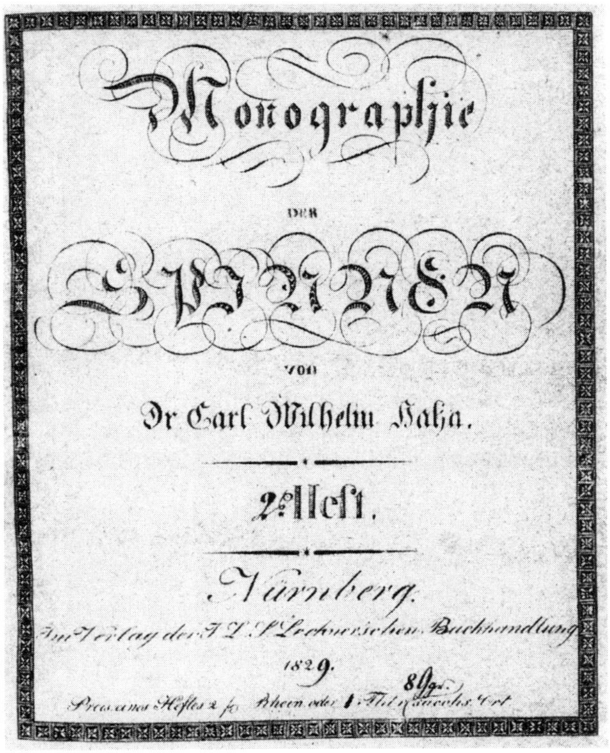

Abb. 11. Das Verkaufsjahr repräsentierende Datierung auf einem Umschlagblatt der 2. Lieferung (Erlanger Exemplar)

Fig. 11. Date representing year of sale on a dust jacket of the 2nd instalment (Erlangen copy)

lung" (Abb. 6) gekennzeichnet. Die auffallend große Endziffer der Jahreszahl läßt zudem erkennen, daß die ursprünglich dort befindliche Angabe „1821" lautete und handschriftlich korrigiert worden ist (vgl. Abb. 12). LECHNER versah später verkaufte Lieferungen demnach nicht nur mit einem nicht-originalen Umschlagblatt, sondern „aktualisierte" in manchen Fällen auch noch die Jahreszahl*. Es ist deshalb anzunehmen, daß sowohl WALCKENAER [51] als auch GAUCKLER [53] Exemplare der Erlanger bzw. Münchner Variante vorlagen. Möglicherweise bezieht sich auch MENGE [50] auf eine das Verkaufsjahr widerspiegelnde 1. Lieferung (1829!).

spicuously large final figure of the date reveals that the original entry read 1821 and has been corrected by hand (cf. fig. 12). LECHNER accordingly did not only provide instalments which were sold later with a non-original cover, but in a good many cases also "updated" the year*. One can therefore assume that both WALCKENAER [51] and GAUCKLER [53] used variants like the Erlangen or the Munich copies. Possibly MENGE [50] also referred to one of the copies of the first instalment which showed the year of sale as 1829!

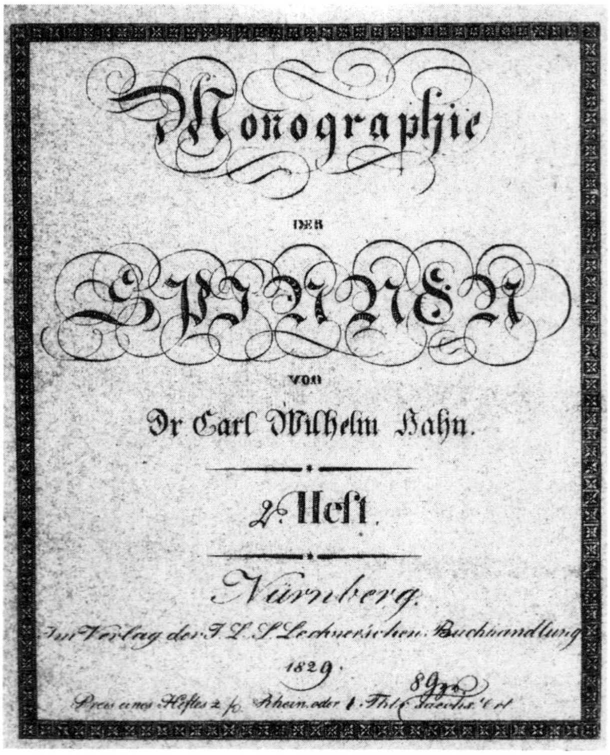

Abb. 12. Handschriftliche Änderung der Angabe „1821" in „1829" auf dem Umschlagblatt der 2. Lieferung des Münchner Exemplars

Fig. 12. Date changed by hand from "1821" to "1829" on the dust jacket of the 2nd instalment of the Munich copy

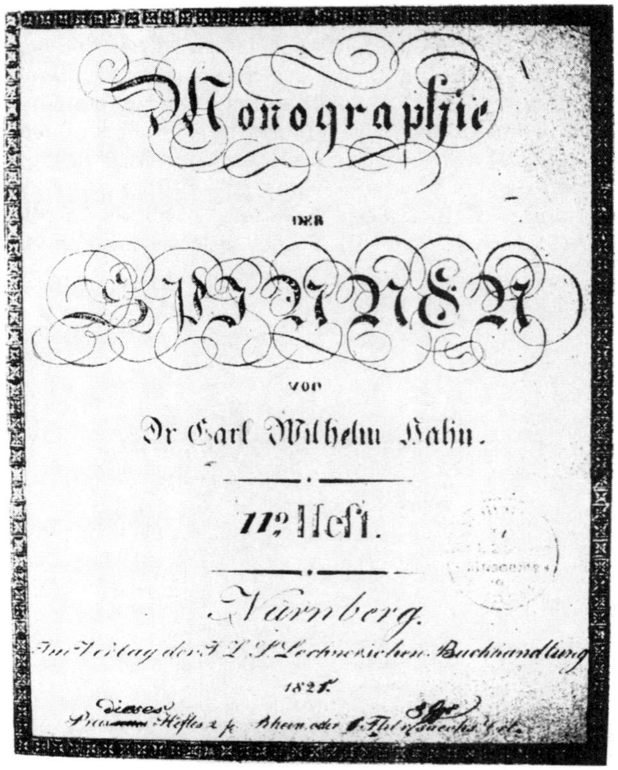

Abb. 13. Nicht originales Umschlagblatt einer 2. Lieferung (Berliner Exemplar) mit richtiger Angabe des Publikationsjahres

Fig. 13. Non-original dust jacket of the 2nd instalment (Berlin copy) with the correct date of publication

* Das Berliner Exemplar (Abb. 13) belegt allerdings, daß die „Aktualisierung" nicht immer erfolgt ist – das Umschlagblatt ist nicht original (vgl. Abb. 6)!

* The Berlin copy (fig. 13) proves at any rate that this "updating" was not always successful – the dust jacket is not original (cf. fig. 6).

Für die ebenfalls unterschiedlich datierte 5. Lieferung dürfte der Sachverhalt ganz ähnlich liegen, allerdings kann hier der Beweis für das Publikationsjahr 1827 (Abb. 8) nur indirekt erbracht werden. Die Angabe „1832", die das Londoner Exemplar aufweist, stimmt mit Sicherheit nicht, da die 6. Lieferung bereits 1831 erschien. Möglich wäre immerhin noch 1829, wie von THORELL [52] bzw. ROEWER [2] angenommen. Die von mir eingesehenen Exemplare mit Umschlagblatt sprechen jedoch gegen die Richtigkeit einer solchen Datierung – sowohl das Frankfurter wie auch das Erlanger und Münchner 5. Heft tragen die Jahreszahl 1827.

Die unterschiedliche zeitliche Zuordnung der 7. Lieferung durch BONNET [1] und ROEWER [2] (s. S. 130) ist nicht anders zu beurteilen. Auch bei den eigenen Nachforschungen konnten beide Versionen festgestellt werden: Das Umschlagblatt des Erlanger Exemplars weist die Eintragung 1833, das des Münchner bzw. Londoner Exemplars 1834 auf (vgl. Abb. 14). 1833 als Publikationsjahr könnte jedenfalls eher stimmen, d.h. 1834 wird wiederum nur das Verkaufsjahr repräsentieren.

The facts are probably quite similar in the case of the different dating of the fifth instalment, although here it can only be proved indirectly that the year of publication was 1827 (fig. 8). The entry "1832" on the London copy is certainly incorrect, as the sixth instalment had already appeared in 1831. 1829, the date accepted by THORELL [52] and ROEWER [2], could at least still be possible; however the copies with dust jackets that I looked at contradict such a dating – the fifth instalments of the Erlangen, Munich and Frankfurt copies all carry the date 1827.

The different dating of the seventh instalment by BONNET [1] and ROEWER [2] (cf. p. 130) is not to be assessed any differently. In the course of my own research I also came across both versions: the dust jacket of the Erlangen copy has the entry 1833, that of the Munich and London copies 1834 (fig. 14). In any case 1833 is more likely to be the year of publication, ie. 1834 again only represents the year of sale.

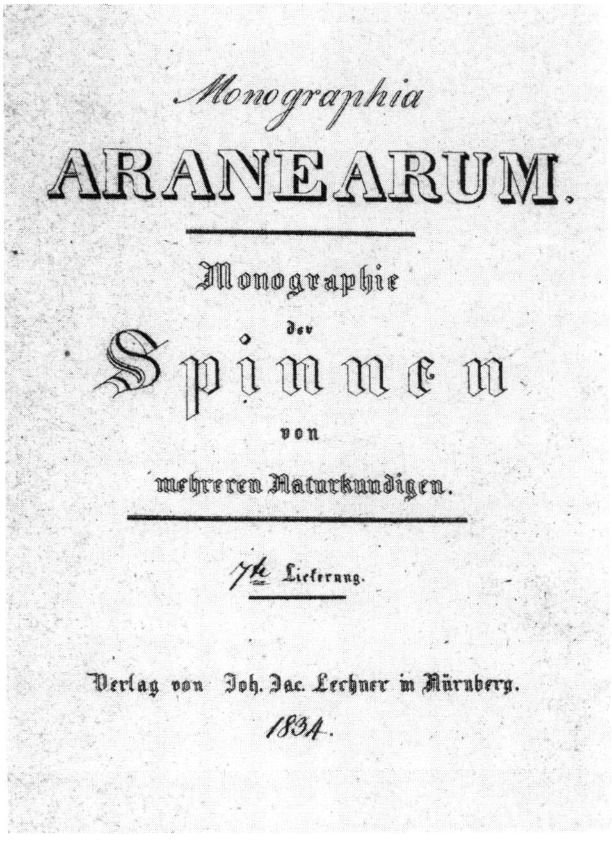

Abb. 14. Auch bei der 7. Lieferung gibt es Datierungsunterschiede. Links: Umschlagblatt des Erlanger Exemplars, rechts: Münchner Exemplar

Fig. 14. There were also differences in the dating of the 7th instalment. Left: Dust jacket of the Erlangen copy, right: Munich copy

Daß LECHNER (und andere Buchhändler?) die Umschlagblätter „aktualisierten", läßt sich besonders gut an solchen Lieferungen erkennen, die in den 20er Jahren publiziert, aber erst Anfang der 30er Jahre verkauft wurden. Die als dritte Ziffer in der Jahresangabe erscheinende „2" ist dann jeweils handschriftlich in „3" korrigiert worden, blieb aber trotzdem sichtbar. Korrekturen dieser Art weisen beispielsweise das Heft 3 des Münchener Exemplars (in 1832 geändert) und die Hefte 3–5 des Londoner Exemplars aus der Bibliothek des British Museum of Natural History (alle ebenfalls geändert in 1832) auf (Abb.15).

That LECHNER (and other booksellers?) "updated" the dust jackets, can be seen especially clearly from those instalments which were published in the 1820s, but were not sold until the beginning of the 1830s. The third number of the date, "2", was then each time changed by hand into a "3", but still remained visible. Such a correction can be seen for example in the third booklet of the Munich copy (changed in 1832) and in booklets three and five of the London copy (likewise changed in 1832) (fig. 15).

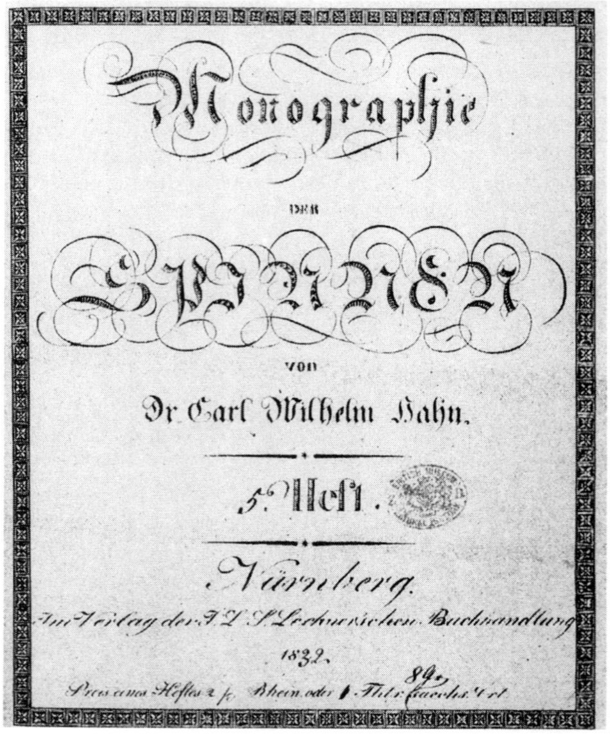

Abb. 15. Umschlagblatt der 5. Lieferung des Exemplars aus dem British Museum of Natural History London. Die handschriftliche Änderung der 3. Ziffer von 2 in 3 ist deutlich erkennbar

Fig. 15. Dust jacket of the 5th instalment of the copy from the British Museum of Natural History London. It is obvious that the 3rd figure has been changed from a 2 to a 3 by hand

Aufgrund der angestellten Recherchen ergibt sich somit folgendes Gesamtbild für die Publikationsjahre:

On the basis of my investigations I was able to put together an overall picture of the years of publication:

Lieferung

1	2	3	4	5	6	7	8
1820	1821	1822	1826	1827	1831	1833	1836

Instalment

1	2	3	4	5	6	7	8
1820	1821	1822	1826	1827	1831	1833	1836

Wissenschaftlich wertvoll oder nur bibliophil?

In den vorangegangenen Kapiteln klang des öfteren an, daß die „Monographie der Spinnen" selbst bei Arachnologen wenig Beachtung gefunden hat. War es wissenschaftliches Mittelmaß, das dieses Spinnenwerk fast in Vergessenheit geraten ließ? Wie zu zeigen sein wird, trifft dies nicht zu. Die Gründe sind vielmehr in der geringen Verbreitung des Werkes, der daraus resultierenden erschwerten Zugänglichkeit und im nicht selten nur fragmentarischen Charakter der wenigen noch nachweisbaren Exemplare zu suchen. So stand BRIGNOLI, der sich in anderem Zusammenhang mit der „Monographie der Spinnen" befaßte [49], für seine Untersuchungen bezeichnenderweise lediglich ein Mikrofilm zur Verfügung!

Die große Seltenheit des Werkes im allgemeinen und kompletter Exemplare im speziellen steht außer Frage. Was aber zeichnet es aus wissenschaftlicher Sicht aus? Zuallererst verdient die Tatsache hervorgehoben zu werden, daß es sich um die erste deutschsprachige monographische Darstellung der Spinnen überhaupt handelt. Aus heutiger Sicht mag es nicht außergewöhnlich erscheinen, in einem Buch nur Spinnen darzustellen, vor gut 150 Jahren war das aber zweifellos sehr ungewöhnlich. HAHNs Monographieversuch muß daher als echte Pionierleistung gewertet werden, die einen angemessenen Platz in der Geschichte der Arachnologie verdient.

Arbeiten dieser Art werden zu Recht auch daran gemessen, ob und wie viele Neubeschreibungen sie enthalten. Eine diesbezüglich vorgenommene Analyse verdeutlicht, daß HAHNs arachnologisches Erstlingswerk auch unter diesem Blickwinkel bemerkenswert ist: In der „Monographie der Spinnen" sind insgesamt 81 Formen berücksichtigt, und zwar im 1. Heft 4, 2. Heft 7, 3. Heft 6, 4. Heft 12, 5. Heft 10, 6. Heft 13, 7. Heft 14, 8. Heft 15. Wie wir wissen, distanzierte sich HAHN von den letzten drei Lieferungen. Das Textblatt zur 6. Lieferung zeigt jedoch, daß ihm diese aber inhaltlich mit Sicherheit noch zuzurechnen ist. Sie trägt seinen Namen, und die vermeintlich neuen Arten sind durch „mihi" gekennzeichnet (s. S. 77). Unter Berücksichtigung dieses Sachverhalts verbleiben 52 Formen, für die HAHN verantwortlich zeichnet. 27 davon schienen ihm für die Wissenschaft noch unbekannt zu sein, und zwar zwei im 2. Heft, vier im 3. Heft, sechs im 4. Heft, sechs im 5. Heft und neun im 6. Heft.

Daß ein Großteil von HAHNs „Neuheiten" davor schon von anderen Autoren beschrieben worden war, ist für die damalige Zeit nichts Ungewöhnliches und schmä-

Valuable to Science or Strictly for Bibliophiles?

In the previous chapters it was occasionally discernable that the "Monograph on Spiders" has been largely ignored – even by arachnologists. Was it its academic mediocrity which nearly caused this work on spiders to fall into oblivion? As will be shown later, this is not the case. The reasons are rather to be found in the small circulation of the work, its resulting inaccessibility, and in the often only fragmentary character of the few still detectable copies. It was thus characteristic that BRIGNOLI [49], who worked on the "Monograph on spiders" in another connection, simply used a microfilm.

The great rarity of the work in general, and of complete copies in particular, is beyond all question. However what is important about it from a scientific point of view? First of all the fact that this is the first ever monographical work on spiders in the German language, deserves emphasis. From a modern point of view it may not seem at all extraordinary that spiders should be the sole subject of a book; however a good 150 years ago this was doubtless very unusual. HAHN's monograph must therefore be considered a real pioneering achievement, which deserves an appropriate place in the history of arachnology.

Justifiably, works of this type are also judged on whether they contain new descriptions, and on how many of these they contain. An analysis undertaken in this connection makes it clear that HAHN's first arachnological work is also remarkable in this respect. The "Monograph on Spiders" contains eighty one forms altogether: four in the first booklet, seven in the second, six in the third, twelve in the fourth, ten in the fifth, thirteen in the sixth, fourteen in the seventh and fifteen in the eighth. As we know HAHN distanced himself from the last three instalments. However the text page of the sixth instalment shows that its contents can without doubt still be attributed to him. It carries his name and the species which are thought to be new are marked by "mihi" (cf. p. 77). If one takes this fact into consideration, fifty two forms remain for which HAHN was responsible. Twenty seven of these, in his opinion, were still unknown to science – two in the second booklet, four in the third, six in the fourth, six in the fifth and nine in the sixth.

That a majority of HAHN's "new species" had previously been described by other authors, was not unusual for that time and does not lessen his scientific achieve-

lert seine wissenschaftliche Leistung nicht. Bei der Abgrenzung der Arten wurden im Gegensatz zu heute die Genitalstrukturen noch nicht berücksichtigt. Deshalb waren u. U. bereits kleinere Abweichungen in Färbung und Zeichnung Anlaß genug für eine unterschiedliche Benennung und Artzuordnung. So ist *Misumena vatia* (CLERCK, 1757) in der „Monographie der Spinnen" kurioserweise 6mal abgebildet (vgl. 2., 6. und 7. Lieferung), und zwar unter den Bezeichnungen *(Thomisus) dauci, citreus, calycinus, pratensis, scorpiformis* und *quadrilineatus*.
Valide, d. h. heute noch gültige Arten sind:

Arctosa maculata (HAHN, 1822)
Pardosa wagleri (HAHN, 1822)
Micrathena sexspinosa (HAHN, 1822)
Micrathena furcata (HAHN, 1822)
Phlegra fasciata (HAHN, 1826)
Oxyptila brevipes (HAHN, 1826)*
Menemerus semilimbatus (HAHN, 1827)
Xysticus ulmi (HAHN, 1831)*
Theridion melanurum HAHN, 1831.

Das ist immerhin ein Sechstel der dargestellten Formen! Hinzu kommt strenggenommen noch *Theridion leuconotum* HAHN, 1831. Diese Form ist identisch mit *Theridion varians* HAHN, die 1833 in „Die Arachniden" beschrieben wurde. Entsprechend den „Internationalen Regeln für die Zoologische Nomenklatur" [54] ist letzterem gebräuchlicherem Namen der Vorzug zu geben, obwohl *leuconotum* Priorität gegenüber jenem hat (s. auch BRIGNOLI [49]).

Nicht völlig außer acht gelassen werden dürfen ferner im Werk abgebildete Formen wie *Clubiona aethiops, Clubiona rubripes, Theridion nebulosum* und *Drassodes tibialis*. Nach ROEWER [2] sind diese „nicht zu deuten" (nomina dubia); BONNET [1] führt sie unter den nomina nuda. Die diffizile Problematik kann im Rahmen dieses Kommentars nicht diskutiert werden, doch sei der arachnologisch stärker Interessierte auf die Ausführungen von BRIGNOLI in der Einleitung zu seinem Araneenkatalog [55] hingewiesen.

Über den unbestreitbar auch lokalfaunistischen Wert der „Monographie der Spinnen" – viele Arten wurden in der Umgebung Nürnbergs oder Erlangens gesammelt – soll hier im einzelnen nicht berichtet werden. Daß HAHN ein guter Beobachter und in seinen Angaben exakt war, verdeutlicht das folgende Beispiel: In der 2. Lieferung stellt er *Eresus cinnaberinus* (= *Eresus niger* [PETAGNA, 1787]) *Eresus annulatus* gegenüber. Diese Form sei – so betont er – von *E. cinnaberinus* „bestimmt verschieden" (S. 33) und käme nur bei Eichstädt

* Die anderslautenden Angaben in der „Check list of British Spiders" [4] sind nicht korrekt – s. ROBERTS [59] und SACHER [60].

ment. In contrast to the modern differentiation of species, the genitalic structures were not taken into consideration at that time. For that reason smaller differences in the colourings and markings have possibly given rise to different species designations. Thus *Misumena vatia* (CLERCK, 1757) is illustrated curiously six times in the "Monograph on Spiders" (cf. the second, sixth and seventh instalment) namely under the designations *(Thomisus) dauci, citreus, calycinus, pratensis, scorpiformis* and *quatrilineatus*.
Species which are still valid today are:

Arctosa maculata (HAHN, 1822)
Pardosa wagleri (HAHN, 1822)
Micrathena sexspinosa (HAHN, 1822)
Micrathena furcata (HAHN, 1822)
Phlegra fasciata (HAHN, 1826)
Oxyptila brevipes (HAHN, 1826)*
Menemerus semilimbatus (HAHN, 1827)
Xysticus ulmi (HAHN, 1831)*
Theridion melanurum HAHN, 1831.

This is at any rate a sixth of the forms described. Strictly speaking *Theridion leuconotum* HAHN, 1831 should also be added to the list. This form is identical with *Theridion varians* HAHN, which was described in "The Arachnids" in 1833. In accordance with the "International Rules for Zoological Nomenclature" [54], the latter, more usual name should be given preference, even though *leuconotum* is the earlier version (cf. also BRIGNOLI [49]).

Other forms illustrated in the work, like *Clubiona aethiops, Clubiona rubripes, Theridion nebulosum* and *Drassodes tibialis*, should not be completely disregarded. According to ROEWER [2] these are "impossible to classify" (nomina dubia); BONNET [1] groups them under nomina nuda. This difficult problem cannot be discussed within the framework of this commentary, but those readers who have a stronger interest in arachnology are referred to BRIGNOLI's explanations in the introduction to his spider catalogue [55].

This is also not the place for a detailed report on the value of the "Monograph on Spiders" with regard to the study of local fauna (many of the species were collected around Nuremberg and Erlangen). That HAHN was a good observer and gave exact descriptions is shown clearly by the following example: in the second instalment he compares *Eresus annulatus* with *Eresus cinnaberinus* (=*Eresus niger* [PETAGNA, 1787]). This form is – he stresses – "certainly different" (p. 33) from *E. cinnaberinus* and is only to be found near Eichstädt and

* The dates in the "Check list of British Spiders" [4] are not correct – cf. ROBERTS [59] and SACHER [60].

und Regensburg vor. In „Die Arachniden", Bd. I, S. 47 gibt HAHN dann eine ausführliche Beschreibung, wobei die drei schwarzen Punktpaare auf dem roten Abdomen des Männchens als wesentliches Differenzierungsmerkmal hervorgehoben werden. Diese Verschiedenartigkeit bestätigt im selben Werk später auch C. L. KOCH, der ursprünglich aber anderer Meinung gewesen war (Bd. XIII, S. 14). Nach mehr als 150 Jahren fand GAUCKLER [53] *Eresus* noch an den von HAHN genannten Lokalitäten. Auch er betont die auffällige Abweichung im Zeichnungsmuster!

Regensburg. In "The Arachnids" (vol. I, p. 47) HAHN then gives a detailed description , in which he stresses the three black pairs of spots on the red abdomen of the male sex as an important distinctive marking. Later in the same work C. L. KOCH confirms this difference, although he had previously been of a different opinion (volume XIII, p. 14). After more than 150 years GAUCKLER [53] found *Eresus* still in the localities named by HAHN. He also stresses the conspicuous difference in the markings!

Die wissenschaftlich wichtigen Informationen enthalten somit die ersten 6 Hefte. Die beiden letzten bringen nichts Neues mehr, den schon erwähnten fachlichen Verfall dokumentierend (vgl. S. 127). Abgesehen von *Theridion lunatum* (CLERCK, 1757) beinhaltet die 8. Lieferung bezeichnenderweise ausnahmslos Arten, die HAHN bereits in „Die Arachniden" zur Darstellung gebracht hatte.

Thus the important scientific information is contained in the first six booklets. The last two have nothing new to offer, documenting the above mentioned decline in expertise (cf. p. 127), it is characteristic that apart from *Theridion lunatum* (CLERCK, 1757) the eighth instalment contains, without exception, species which HAHN had already described in "The Arachnids".

Letzteres Werk wird, wenn es um die „Monographie der Spinnen" und ihren wissenschaftlichen Wert geht, oft vergleichend herangezogen. Zweifellos enthielten bereits die von HAHN stammenden beiden ersten Bände jener leichter zugänglichen Publikation eine weitaus größere Zahl von Abbildungen und einen ausführlicheren Textteil. Im gewissen Sinne verwirklichte HAHN damit eine Konzeption, die er bereits in der „Monographie der Spinnen" in Anwendung bringen wollte (vgl. S. 123).

The latter is often used as a comparison when discussing the "Monograph on Spiders" and its scientific value. It is indisputable that the two volumes written by HAHN of this more accessible publication, do contain a far greater number of illustrations and a more comprehensive text. In a certain sense it was in this work that HAHN realised a conception which he had already wanted to use in the "Monograph on Spiders" (cf. p. 123).

Die „Monographie der Spinnen" als eine Art ersten Entwurf für „Die Arachniden" anzusehen, wie das BRIGNOLI [49] tat, erscheint trotzdem nicht gerechtfertigt, hatte HAHN doch nie die Absicht, dem Erstlingswerk eine zweite monographische Spinnenbearbeitung folgen zu lassen. Insofern ist die „Monographie der Spinnen" auch das wissenschaftsgeschichtlich interessantere und bedeutendere Werk. Daß beide Publikationen in engem Zusammenhang zu sehen sind, bleibt allerdings unbestritten: Viele der in den Heften 1–6 der „Monographie ..." vorgestellten Formen tauchen später auch im Nachfolgewerk auf. Umgekehrt sind aus „Die Arachniden" Formen entnommen, die in den beiden letzten Lieferungen der „Monographie ..." von LECHNER gebracht wurden (vgl. Kap. Entstehungsgeschichte). Präzisierend ist daher festzustellen, daß beide Werke Ausführungsvarianten e i n e s Projektes sind. Trotz mancher Gemeinsamkeiten kommt aber beiden wissenschaftliche Eigenständigkeit zu.

In spite of this it does not seem justified to regard the "Monograph on Spiders" as a sort of blueprint for "The Arachnids", as BRIGNOLI [49] did, since HAHN had never intended to have a second monographic work on spiders follow his first. In this respect the "Monograph on Spiders" is also the more interesting and important work for the history of science. That the two publications are to be seen in close connection, should at any rate be incontrovertable. Many of the forms introduced in booklets one to six of the "Monograph on Spiders" also appear later in the following work. Conversely LECHNER published forms taken from "The Arachnids" in the last two instalments of the "Monograph on Spiders" (cf. chap. "History of Origin of the Work"). To summarize, it can therefore be seen that the two works are different ways of carrying out the s a m e project. However in spite of a good many similarities, they can both be considered as autonomous works.

Der wissenschaftliche Wert von Werken aus jener Zeit wird nicht zuletzt auch von der Qualität und Detailtreue der Zeichnungen bestimmt. Wie ist das vorliegende Werk in dieser Hinsicht zu beurteilen? Die Spinnendarstellungen in der „Monographie der Spinnen" weisen

The scientific value of works from this time is also not least determined by the quality and accuracy of their drawings. How is the work to be assessed in this respect? The spider illustrations in the "Monograph on Spiders" show HAHN to be an above average artist and

HAHN als überdurchschnittlich guten Zeichner (und Lithographen) aus. Betrachtet man die Spinnenzeichnungen in vergleichbaren zeitgenössischen Werken, etwa bei HERBST [56] oder HAMMER [57], so schneidet er durchaus gut ab. Ein Blick in seine anderen Werke, besonders in „Die wanzenartigen Insecten", unterstreicht das eher noch. Daran ändert auch nichts, daß manche Abbildungen in seinen Vogelbüchern hinsichtlich Körperhaltung und Proportionen etwas danebengeraten sind, hatte HAHN doch als Zeichnungsvorlagen für die Exoten oft nur Präparate zur Verfügung [25, 26].

Über das Urteil seiner Zeitgenossen zu dieser Problematik wissen wir nichts. Daß es HAHN mit der Qualität der Zeichnungen aber sehr ernst nahm, ist durch manche seiner Äußerungen belegt. Insbesondere war er um eine wirklichkeitsnahe Kolorierung besorgt. So bemerkt er in der „Subcriptions-Anzeige" zu einem seiner Vogelbücher [42]: „Den Selbstverlag habe ich deswegen übernommen, damit die Illumination unter meinen Augen geschehen kann, und der Körper nicht blos mit Farben überzogene Figuren erhält, die der Natur nicht im mindesten gleichen". Ähnlich äußert er sich auch in seinem Vogelatlas („geübte Illuministen unter meiner Aufsicht" [58]) und im Zusammenhang mit seiner Niederlassung in Nürnberg. Aus der „Monographie der Spinnen" ist ferner ersichtlich, daß sich HAHN bei der Korrektur seiner Zeichnungen der Mitarbeit des erfahrenen Jakob STURM versichert hatte (s. S. 10).

Fassen wir all diese Gesichtspunkte zusammen, wird deutlich, daß die „Monographie der Spinnen" weit mehr als ein nur bibliophiles Werk ist. Aufgrund der heute noch gültigen neun Erstbeschreibungen, aber auch wegen seines monographischen Charakters und seiner überdurchschnittlich guten Zeichnungen gehört es zu den wissenschaftlich noch immer relevanten und zudem auch wissenschaftshistorisch wertvollen Frühwerken der Arachnologie. Mir scheint, eine Aufwertung dieser von jeher zu Unrecht stiefmütterlich behandelten ersten deutschsprachigen Spinnenmonographie war an der Zeit!

lithographer. If one regards the drawings of spiders in contemporary works, say by HERBST [56] or HAMMER [57], then Hahn shows up perfectly well. A look at his other works, especially at "Die wanzenartigen Insecten" tends to underline this. This is not altered by the fact that a good many illustrations in his bird books are not quite accurate with regard to posture and proportions, because HAHN could often only use stuffed birds as models for his drawings of exotic species [25, 26].

We do not know what opinions HAHN's contemporaries had on this problem. However many of his comments prove that he took the quality of his drawings very seriously. He was especially concerned that his drawings should be coloured in a realistic way. In an advertisement for subscriptions for one of his bird books [42] he writes: "The reason I have taken over the publication, is so that the illumination can be done under my supervision, so that the bodies are not simply painted over with shapes which do not resemble nature in the slightest". He voices similar sentiments in his Bird Atlas as well, ("proficient illuminators under my supervision" [58]), and also in connection with his move to Nuremberg. It is further apparent from the "Monograph on Spiders" that HAHN had secured the help of the experienced Jakob STURM for the correction of his drawings (cf. p. 10).

If we summarize all these points, it becomes clear that the "Monograph on Spiders" is far more than just a bibliophilic work, not only because of the nine valid first descriptions but also because of its monographical character and its above average drawings, it can be counted among the early arachnological works which are scientifically relevant today and at the same time valuable in the history of science. In my opinion the time was ripe for an evaluation of the first spider monograph in German, a work which has been so unfairly treated in the past.

Quellenangaben

[1] Bonnet, P. (1945–1961): Bibliographia Araneorum. 3 Bde. Toulouse
[2] Roewer, C.F. (1942–1954): Katalog der Araneae von 1758 bis 1940, bzw. 1954. 2 Bde. Bremen bzw. Bruxelles
[3] Levi, H.W. (1985): The Spiny Orb-Weaver Genera Micrathena and Chaetacis (Araneae: Araneidae). – Bull. Mus. Comp. Zool. 150 (8), 429–618
[4] Merrett, P., Locket, G.H. u. A.F. Millidge (1985): A check list of British spiders. – Bull. Br. arachnol. Soc. 6 (9), 381–403
[5] Nicolić, F. u. A. Polenec (1981): Catalogus Faunae Jugoslaviae. Bd. III/4. Ljubljana
[6] Staręga, W. (1983): Wykaz krytyczny pająków (Aranei) Polski. – Fragm. Faun. 27 (11), 149–268
[7] Gorzny, W. (Hrsg.) (1986): Deutscher Biographischer Index. Bd. 2, G-K. München, London, New York, Oxford u. Paris
[8] Hamberger, G.C. u. J.G.D. Meusel (1796–1834): Das gelehrte Teutschland oder Lexikon der jetzt lebenden teutschen Schriftsteller. 5. Ausg., 23 Bde. Lemgo
[9] Gebhardt, L. (1964): Die Ornithologen Mitteleuropas. Giessen; Ergänzungen: J. Orn. 111, Sonderheft 1970, 164–165 bzw. J. Orn. 115, Sonderheft 1974, 107
[10] Abschrift Taufschein, in: Niederlassungsakten des Stadtarchivs Nürnberg, Signatur C 7 NL. 2570
[11] Copulations-Buch bey der Pfare Weingartsgreith – Archiv des Pfarramts Mühlhausen/Oberfranken
[12] Tauff-Buch bey der Pfare Weingartsgreith – Archiv des Pfarramts Mühlhausen/Oberfranken
[13] schriftl. Mitt. Pfarrer Weniger (Pfarramt Mühlhausen/Oberfranken)
[14] Lebenslauf von 1819, in: Niederlassungsakten des Stadtarchivs Nürnberg, Signatur C 7 NL. 2570
[15] Kirchenbücher der Kirchengemeinde St. Michael (Fürth) – schriftl. Mitt. Dr. H. Richter (Stadtarchiv Fürth)
[16] Pückler-Archiv im Stadtarchiv Fürth
[17] schriftl. Mitt. Dr. H. Richter (Stadtarchiv Fürth)
[18] Promotionsurkunde vom 19.11.1819, in: Niederlassungsakten des Stadtarchivs Nürnberg, Signatur C 7 NL. 2570
[19] Bürgerurkunde vom 2.5.1820, in: Niederlassungsakten des Stadtarchivs Nürnberg, Signatur C 7 NL. 2570
[20] Vermögenserklärung beim Magistrat der Stadt Fürth vom 26.10.1819, Kopie in: Niederlassungsakten des Stadtarchivs Nürnberg, Signatur C 7 NL. 2570

References

[1] Bonnet, P. (1945–1961): Bibliographia Araneorum. 3 vols. Toulouse
[2] Roewer, C.F. (1942–1945): Katalog der Aranae von 1758 bis 1940, bzw. 1954. 2 vols. Bremen and Brussels
[3] Levi, H.W. (1985): The Spiny Orb-Weaver Genera Micrathena and Chaetacis (Araneae: Araneidae). – Bull. Mus. Comp. Zool. 150 (8), 429–618
[4] Merrett, P., Locket, G.H. & A.F. Millidge (1985): A check list of British spiders. – Bull. Br. arachnol. Soc. 6 (9), 381–403
[5] Nicolić, F. & A. Polenec (1981): Catalogus Faunae Jugoslaviae. Vol. III/4. Ljubljana
[6] Staręga, W. (1983): Wykaz krytyczny pająków (Aranei) Polski. – Fragm. Faun. 27 (11), 149–268
[7] Gorzny, W. (ed.) (1986): Deutscher Biographischer Index. Vol. 2, G-K. Munich, London, New York, Oxford & Paris
[8] Hamberger, G.C. & J.G.D. Meusel (1796–1834): Das gelehrte Teutschland oder Lexikon der jetzt lebenden teutschen Schriftsteller. 5th edition, 23 vols. Lemgo
[9] Gebhardt, L. (1964): Die Ornithologen Mitteleuropas. Giessen; additions: J. Orn. 111, Special Edition 1970, 164–165 and J. Orn. 115, Special Edition 1974, 107
[10] Copy of birth certificate, in: residence records of the Nuremberg town archives, shelf mark C 7 NL. 2570
[11] Copulations-Buch bey der Pfare Weingartsgreith – archives in the priest's office, Mühlhausen/Upper Franconia
[12] Tauff-Buch bey der Pfare Weingartsgreith – archives in the priest's office, Mühlhausen/Upper Franconia
[13] Written report by Father Weniger (priest's office Mühlhausen/Upper Franconia)
[14] Curriculum vitae from 1819, in: residence records of the Nuremberg town archives, shelf mark C 7 NL. 2570
[15] Church records of the parish of St. Michael (Fürth) – written report by Dr. H. Richter (Fürth town archives)
[16] Pückler archives in the Fürth town archives
[17] Written report by Dr. H. Richter (Fürth town archives)
[18] Doctorate certificate dated 19.11.1819, in: residence records of the Nuremberg town archives, shelf mark C 7 NL. 2570
[19] Certificate of citizenship dated 2.5.1820, in: residence records of the Nuremberg town archives, shelf mark C 7 NL. 2570
[20] Statement of property for the municipal authorities of Fürth, from 26.10.1819. Copy in: residence records of the Nuremberg town archives, shelf mark C 7 NL. 2570

[21] Auszug aus Trauungsregister vom 6.4.1820, in: Niederlassungsakten des Stadtarchivs Nürnberg, Signatur C 7 NL. 2570
[22] Meldebogen („Fremden-Bogen") im Stadtarchiv München
[23] Polizeikartenregister im Stadtarchiv München
[24] Versteigerungsverzeichnis im Bayerischen Hauptstaatsarchiv – Geheimes Hausarchiv – Nachlaß Prinz Karl 1/19
[25] Vorwort zur 13. Lieferung der „Voegel aus Asien, Africa, America und Neuholland" (1822)
[26] ebenda, Textende der 16. Lieferung (1827)
[27] Nissen, C. (1967): Die zoologische Buchillustration. Ihre Bibliographie und Geschichte. Stuttgart
[28] Leydig, F. (1902): Horae zoologicae. Zur vaterländischen Naturkunde. Ergänzende sachliche und geschichtliche Bemerkungen. Jena
[29] Zimmermann, A(nnette). (1981): Franz von Paula Schrank (1747–1835). Naturforscher zwischen Aufklärung und Romantik. München
[30] Schrank, F. v. P. (1781): Enumeratio insectorum Austriae indigenorum, Augustae Vindelicorum (Augsburg)
[31] Schrank, F. v. P. (1795): Naturhistorische und ökonomische Briefe über das Donaumoor. Mannheim
[32] Schrank, F. v. P. (1803): Fauna Boica. Durchgedachte Geschichte der in Baiern einheimischen und zahmen Thiere. Bd. 3/1. Landshut
[33] mündl. Mitt. Dr. G. Mauersberger (Museum für Naturkunde Berlin)
[34] Vorwort zu „Fauna Boica, oder gemeinnützige Naturgeschichte der Thiere Bayerns" (1830)
[35] mündl. Mitt. Dr. Ursula Göllner (Museum für Naturkunde Berlin)
[36] schriftl. Mitt. Dr. Barbara Baehr (Zoologische Staatssammlung München)
[37] Schmuck, H. u. W. Gorzny (Hrsg.) (1982): Gesamtverzeichnis des deutschsprachigen Schrifttums (GV) 1700–1910. Bd. 54. München, New York, London u. Paris
[38] Nissen, C. (1976): Die illustrierten Vogelbücher. Ihre Geschichte und Bibliographie. Stuttgart (Nachdruck der 1. Auflage von 1953)
[39] British Museum (Hrsg.) (1967): General Catalogue of Printed Books to 1955. Vol. 11. New York
[40] mündl. Mitt. Dr. G. Train und Dr. Ursula Göllner (Museum für Naturkunde Berlin)
[41] mündl. Mitt. Dr. J. Oehlke (Institut für Pflanzenschutzforschung Eberswalde)
[42] Vorwort zur 1. Lieferung der „Voegel aus Asien, Africa, America und Neuholland" (1818, datiert 1819)
[43] Panzer, G. W. F. (1793–1810): Faunae Insectorum Germaniae initia. Heft 1–109. Regensburg [Bis 1844 fortgesetzt von C. Geyer (Heft 110) und G. A. W. Herrich-Schäffer (Heft 111–190); Arachniden bearb. von C. L. Koch]

[21] Entry in marriage register of 6.4.1820, in: residence records of the Nuremberg town archives, shelf mark C 7 NL. 2570
[22] Guest book in the Munich town archives
[23] Police records in the Munich town archives
[24] Auction list in the Archives of the Bavarian Capital – private family archives – estate of Prince Karl 1/19
[25] Foreword of the 13th instalment of „Voegel aus Asien, Africa, America und Neuholland" (1822)
[26] Ibid., the end of the text of the 16th instalment (1827)
[27] Nissen, C. (1967): Die zoologische Buchillustration. Ihre Bibliographie und Geschichte. Stuttgart
[28] Leydig, F. (1902): Horae zoologicae. Zur vaterländischen Naturkunde. Ergänzende sachliche und geschichtliche Bemerkungen. Jena
[29] Zimmermann, A(nnette). (1981): Franz von Paula Schrank (1747–1835). Naturforscher zwischen Aufklärung und Romantik. Munich
[30] Schrank, F. v. P. (1781): Enumeratio insectorum Austriae indigenorum, Augustae Vindelicorum (Augsburg)
[31] Schrank, F. v. P. (1795): Naturhistorische und ökonomische Briefe über das Donaumoor. Mannheim
[32] Schrank, F. v. P. (1803): Fauna Boica. Durchgedachte Geschichte der in Baiern einheimischen und zahmen Thiere. Vol. 3/1. Landshut
[33] Verbal report from Dr. G. Mauersberger (Berlin Natural History Museum)
[34] Foreword of „Fauna Boica, oder gemeinnützige Naturgeschichte der Thiere Bayerns" (1830)
[35] Verbal report from Dr. Ursula Göllner (Berlin Natural History Museum)
[36] Written report by Dr. Barbara Baehr (State Zoological collection Munich)
[37] Schmuck, H. & W. Gorzny (ed.) (1982): Gesamtverzeichnis des deutschsprachigen Schrifttums (GV) 1700–1910. Vol. 54. Munich, New York, London & Paris
[38] Nissen, C. (1976): Die illustrierten Vogelbücher. Ihre Geschichte und Bibliographie. Stuttgart (reprint of the 1st edition from 1953)
[39] British Museum (ed.) (1967): General Catalogue of Printed Books to 1955. Vol. 11. New York
[40] Verbal report from Dr. G. Train and Dr. Ursula Göllner (Berlin Natural History Museum)
[41] Verbal report from Dr. J. Oehlke (Institute for research into Plant Protection, Eberswalde)
[42] Foreword of the 1st instalment of „Voegel aus Asien, Africa, America und Neuholland" (1818, dated 1819)
[43] Panzer, G. W. F. (1793–1810): Faunae Insectorum Germaniae initia. Booklets 1–109. Regensburg [Until 1844 continued by C. Geyer (booklet 110) and G. A. W. Herrich-Schäffer (booklets 111–190); Arachnids dealt with by C. L. Koch]

[44] Walckenaer, C.A. (1805): Tableau des Aranéides ou Charactères essentiels des tribus, genres, familles et races que renferme le genre Aranea de Linné, avec la désignation des espèces comprises dans chacune de ces divisions. Paris
[45] Vorwort zu „Die Arachniden", Bd. 1 (1831)
[46] schriftl. Mitt. Irene Friedl (Universitätsbibliothek München)
[47] schriftl. Mitt. Dr. J. Gruber (Naturhistorisches Museum Wien)
[48] schriftl. Mitt. des Instituts für Leihverkehr und Zentralkataloge der Deutschen Staatsbibliothek Berlin
[49] Brignoli, P. M. (1985): On the correct dates of publication of the arachnid taxa described in some works by C. W. Hahn and C. L. Koch (Arachnida). – Bull. Br. arachnol. Soc. 6 (9), 414–416
[50] Menge, A. (1866): Preussische Spinnen. Erste Abtheilung. – Schr. naturf. Ges. Danzig (N.F.) 1, 1–152
[51] Walckenaer, C. A. (1837): Histoire naturelle des Insectes. Aptères 1. Paris
[52] Thorell, T. (1870–1873): Remarks on Synonyms of European Spiders. Uppsala
[53] Gauckler, K. (1971): Goldäugige Springspinne und Zinnoberrote Röhrenspinne in Nordbayern. – Mitt. naturhist. Ges. Nürnberg 6, 51–55
[54] Internationale Regeln für die Zoologische Nomenklatur. Beschlossen vom XV. Internationalen Kongreß für Zoologie. (Deutscher Text ausgearb. von Otto Kraus) 2. Aufl. (1970). Frankfurt a. M.
[55] Brignoli, P. M. (1983): A Catalogue of the Araneae described between 1940 and 1981. Manchester
[56] Herbst, J. F. W. (1797): Natursystem der ungeflügelten Insekten. Berlin
[57] Hammer, F.-L. (1804): Mémoire Aptérologique. Strasbourg
[58] Vorwort („Vorbericht") zu „Ornithologischer Atlas oder naturgetreue Abbildung und Beschreibung der aussereuropäischen Vögel" (1834)
[59] Roberts, M. J. (1987): The Spiders of Great Britain and Ireland. Bd. 2. Colchester, Essex, 188
[60] Sacher, P. (1988): Notes on Carl Wilhelm Hahn's Monographie der Spinnen (1820–1836). Newsl. Br. arachnol. Soc. 51, 1–2

[44] Walckenaer, C.A. (1805): Tableau des Aranéides ou Charactères essentiels des tribus, genres, familles et races que renferme le genre Aranea de Linné, avec la désignation des espèces comprises dans chacune de ces divisions. Paris
[45] Foreword of „Die Arachniden", vol. 1 (1831)
[46] Written report by Irene Friedl (Munich University Library)
[47] Written report by Dr. J. Gruber (Vienna Natural History Museum)
[48] Written report from the Loan Institute and Central Catalogue of the German National Library Berlin
[49] Brignoli, P. M. (1985): On the correct dates of publication of the arachnid taxa described in some works by C. W. Hahn and C. L. Koch (Arachnida). – Bull. Br. arachnol. Soc. 6 (9), 414–416
[50] Menge, A. (1866): Preussische Spinnen. Erste Abtheilung. – Schr. naturf. Ges. Danzig (N. F.) 1, 1–152
[51] Walckenaer, C. A.(1937): Histoire naturelle des Insectes. Aptères 1. Paris
[52] Thorell, T. (1870–1873): Remarks on Synonyms of European Spiders. Uppsala
[53] Gauckler, K. (1971): Goldäugige Springspinne und Zinnoberrote Röhrenspinne in Nordbayern. – Mitt. naturhist. Ges. Nürnberg 6, 51–55
[54] Internationale Regeln für die Zoologische Nomenklatur. Beschlossen vom XV. Internationalen Kongreß für Zoologie. (German text formulated by Otto Kraus) 2nd edition (1970). Frankfurt a. M.
[55] Brignoli, P. M. (1983): A Catalogue of the Araneae described between 1940 and 1981. Manchester
[56] Herbst, J. F. W. (1797): Natursystem der ungeflügelten Insekten. Berlin
[57] Hammer, F.-L. (1804): Mémoire Aptérologique. Strasbourg
[58] Foreword of the „Ornithologischer Atlas oder naturgetreue Abbildung und Beschreibung der aussereuropäischen Vögel" (1834)
[59] Roberts, M. J. (1987): The Spiders of Great Britain and Ireland. Vol. 2. Colchester, Essex, 188
[60] Sacher, P. (1988): Notes on Carl Wilhelm Hahn's Monographie der Spinnen (1820–1836). Newsl. Br. arachnol. Soc. 51, 1–2

Register

Das Register erfaßt alphabetisch geordnet alle in der „Monographie der Spinnen“ dargestellten Formen. *Die heute gültigen Bezeichnungen* wurden in Klammern hinzugefügt. Die Ziffern hinter den Namen verweisen – in dieser Reihenfolge – auf die entsprechende Textseite, die **Tafel-Nummer** und (in Klammern) die Seite, auf der die Tafel zu finden ist.

Index

This index lists all types described in the "Monograph on Spiders" in alphabetical order. *The valid designations of today* have been added in brackets.
The numbers after the names (in this order) refer to the respective text page, **the table** and the page where it can be found (in brackets).